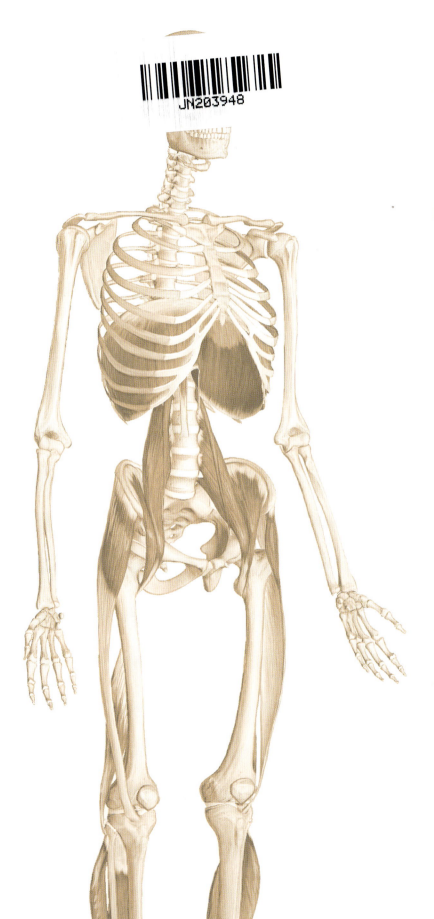

ソマティクスから導いた新声楽指導の実際

うまく歌える「からだ」のつかいかた 実践編

ソプラノ
川井弘子 著

**企画編集担当より**

スマホアプリで簡単視聴！
# レッスン風景と歌声の変化を AR動画でチェック！

スマホアプリをつかって、マークが付いた写真をスキャンすると、川井先生が受講生を指導する様子や、レッスン前後の受講生の変化を動画で見ることができます。

動画を視聴できるアプリにはさまざまなものがありますが、本書では「COCOAR」（ココアル）を採用しています。

### Step1 「COCOAR」をインストールする

App Store（iOS版）やGoggle Playストア（Android版）から「COCOAR」を検索し、スマートフォンやタブレットにインストールします。

iOS版　　Android版

AppStore　Playストア　COCOARと検索　COCOAR

### Step2 「COCOAR」を起動する

インストールしたら、COCOARのアイコンをタップしてアプリを起動します。
起動が終わると、スキャンモードになります。

※アプリを起動するときに、カメラへのアクセスを求められることがあります。
アクセスを許可いただけない場合はCOCOARを使用することができません。

●動画再生できる画像例

### Step3 「AR」アイコンがついた写真をスキャンする

動画再生ができる写真は、右例のようにオレンジのフレームで囲み、「AR」のアイコンを付けています。この写真全体がカメラに収まるようにスマートフォンの位置を調節してください。

スキャンは自動的に始まります。
スキャンが終わると、2～5秒でレッスン動画が再生されます。

※写真をスキャンするときには、明るい場所で正面からスキャンしてください。
※通信環境により、動画の読み込みに時間がかかったり、写真を認識できなかったりする場合があります。できるだけ通信環境のよいところでご使用ください。
※スマートフォン、タブレットの一部の機種については、「COCOAR」での動画再生に対応していない場合があります。
※AR動画の動作環境について変更等がある場合は、弊社ホームページで告知いたします。

3

# はじめに

　拙著「うまく歌える『からだ』のつかいかた」を多くの方が読んでくださったことに、心から感謝いたします。そして「とても助けになった」「なぜだか涙が出てきた」という声を耳にして、私もとてもうれしくなりました。一方で、同名の講座を各地で開催する中で、さらなる質問や、具体的なことをもっと詳しく教えてほしいという要望を受けました。そこで、この本では、実際のレッスン風景を中心に、より具体的に進めていきます。

　しかし、ここで問題なのは、「共通の"うまく歌える方法"を示すHow-Toは、実は書けない」ことが前提でしか、話を進めることができないことです。なぜなら、歌うことはそのようには教えられないことと、さらに、本の中では多様な個人差には対応できないからです。しかし、共通の傾向を明確にし、陥ってはいけないことや問題解決へのヒントをできるだけ詳細に書き出す、ぎりぎりの挑戦を試みました。

　レッスン例として、19歳から93歳までの方のケースを記載しました。オペラやドイツ歌曲・フランス歌曲・日本歌曲を歌う方から合唱の方、ミュージカルの方、ポップスを歌う方まで。職業として歌う仕事をしている方から、歌うことを始めて間もない愛好家の方まで。ここにあるのは、私たちの「からだ」の"歌うことに対する可能性"です。

　私自身が声楽を学んできた過程は、①ただレッスンを受講していた時期、②発声に疑問を抱き、混乱し、模索しても解決が見つからなかった時期、③「からだ」のことに意識が向かうことで、先に進めた時期、の3つに大きく分かれます。これらの変化に伴って、レッスンの受けかたが変わり、レパートリーや練習のしかた、そして、教える時に気をつけることも、指導のしかたも随分、変わってきました。

　この本は、上記の私の②のような皆さんに向かって、このようなアドヴァイスがあると勇気をもって先に進めるのではないかと、応援歌のようなつもりで書きました。わからないところは、読み飛ばしてください。わかりやすいところから読んでください。

　真摯に歌うことを学び、楽しむ皆さまにとっての、助けやヒントになりますことを願ってやみません。ご感想、ご質問などを、どうかお寄せください。

川井 弘子

SOPRANO

# 川井 弘子

Hiroko Kawai

ドイツ・オランダ・アメリカに学んだソプラノ。
演奏家であり、ティーチング・アーティスト。
倉敷市生まれで、東京・大阪・京都…などで広く活動。

音楽家・音楽愛好家の演奏力向上を図るため、
2001年より、「ボディ・マッピング」指導者として、
"動きにおけるからだ"の精確な情報を提供し続けている。

「うまく歌える『からだ』のつかいかた～
ソマティクスから導いた新声楽教本」を2015年に発刊。
アレクサンダー・テクニークやボディ・マッピングにとどまらず、
"ソマティック"なアプローチから歌うことが
本来の発声を促すことを、レッスンを受講する側の視点から、
解剖学も取り入れながらわかりやすく解説した。

歌って、ソマティックに教える、異彩あふれる声楽家。
斬新で明解な新発声指導法は、
多くの悩める歌い手たちの注目を集めている。

※広島大学教育学部 教科教育学科音楽教育学専修卒業、東京学芸
大学大学院修了。教育学修士。シュトゥットガルト音楽大学と、オ
ランダ政府給費留学生としてユトレヒト音楽院に学ぶ。リサイタル
もほぼ毎年開催している。

*Photo : Kentaro Ishibashi*

# $\mathcal{C}ontents$

3 　ARのつかい方　〜歌声の変化を動画で見よう！〜
5 　はじめに
6 　著者紹介

## 第1章　11　"歌うからだ"は 不思議がいっぱい

12 　1．歌うことはパラドックスの連続
17 　2．「歌う技術」という幻想〜理解する・気づく・感じる
23 　3．"おおらかさ"と"繊細さ"、どちらも大切です
26 　4．「やめる勇気」「放っておく勇気」
28 　5．答えは「あなたの中」に

## 第2章　29　歌うソマへのレッスン 実践編1　やりすぎていませんか？

30 　Case01　姿勢を気にすればするほど、歌えなくなります
34 　Case02　とにかくやめたら、歌えました
38 　Case03　少なくしたら喉が痛くなくなりました
42 　Case04　声がかすれます
44 　Case05　うまく伝わりません
46 　Case06　声が詰まります。テンポが遅れます

## 第3章　49　歌うソマへのレッスン 実践編2　思いこんでいませんか？

50 　Case07　声が遠くまで届きません
52 　Case08　喉があがって声が詰まります
54 　Case09　歌う時、首や肩に力が入ります
58 　Case10　"響きのある声"のみを追ってきました
62 　Case11　かろやかに歌いたいのですが

## 第4章

**65** 歌うソマへのレッスン
**実践編3 無意識的についた
 "癖"とのつき合いかた**

66 Case12 とにかく緊張します
68 Case13 「鳥の首を締めたような声」になります
70 Case14 "ヴィブラート"を止めたいのですが
74 Case15 「口角をあげない」で歌えるのですか
76 Case16 最近、声が揺れてきて困っています

## 第5章

**79** 歌うソマへのレッスン
**実践編4 からだへの信頼を
 取り戻そう**

80 Case17 喉が締まってきます(1)
83 Case18 喉が締まってきます(2)
86 Case19 高音が詰まります
88 Case20 「脱力」がうまくいきません
90 Case21 口のあけかたを教えてください
92 Case22 姿勢が悪くなります
94 Case23 無駄な力を入れないで表現を強く出したいです

## 第6章

**97** 歌うソマへのレッスン
**実践編5 言葉と歌うことの関係**

98 Case24 「子音が聞こえない」と言われます
100 Case25 多忙で、声はいつも疲れています
102 Case26 発音を正確にしようとすると声が出にくくなります
104 Case27 日本歌曲になると声が響きません
106 Case28 息が足りなくなります
108 Case29 「気持ちを込めようとする」と力が入ります
110 Case30 高音までなめらかに声が出るようになりたいです

## 第7章

**113** 歌うソマへのレッスン
**実践編6 声のトラブルからの脱出**

114 Case31 声帯ポリープがあっても歌っていいですか?
118 Case32 まったく声が出なくなりました
122 Case33 手術をしても声が出るようになりません

*9*

### 127　続・つかえる解剖学

128　1．横隔膜再考
130　2．"背中"はありますか？〜前鋸筋と菱形筋の役割〜
131　3．胸横筋の大切な役割
132　4．腹筋と錐体筋
134　5．顎関節と翼突筋
137　6．足は歌う土台です

### 139　「ソマから学ぶ」とは

140　1．言葉が必要な時、言葉が邪魔な時、言葉がいらなくなる時
144　2．"わかっている"けど、できないジレンマ
150　3．高い声が出ない時、低い声が出ない時
152　4．思ったような音量で歌えない時
154　5．歌うレパートリーについて
157　6．「歌う準備」とは何か？
161　7．「ソマから歌う」「ソマから学ぶ」

166　おわりに

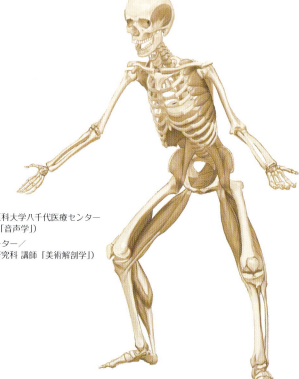

- ●コラム寄稿　　　　三枝英人（耳鼻咽喉科医師・東京女子医科大学八千代医療センター／東京藝術大学音楽科 講師「音声学」）
- ●解剖イラスト　　　阿久津裕彦（メディカル・イラストレーター／東京藝術大学大学院美術研究科 講師「美術解剖学」）
- ●企画・編集・リライト　渡邉茂秀（オフィス・ウイン）
- ●DTPデザイン　　　昆野浩之（アンドロワークス）
- ●撮影（写真＆動画）石橋謙太郎（スタジオM）
- ●本文イラスト　　　岸より子
- ●AR機能制作管理　四本芳一（三美印刷）

# 第1章

# "歌うからだ"は
# 不思議がいっぱい

「歌う技術を習得すること」がうまく歌える
ことだと思っていませんか？ でも、それは
間違いです。あなたの"からだ"に注目する
のです。ここではその理由と方法を明らか
にしていきます。

# 1 歌うことはパラドックスの連続

【パラドックス1】

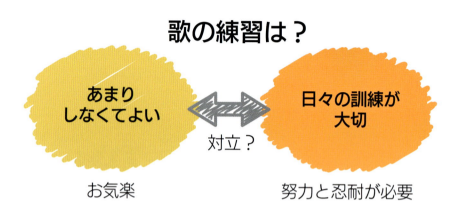

"歌える人"には共通点があります。それは、特に何かを努力しているようには見えず、自然にのびのびと歌っていることです。しかも、聴いている人には情感がひしひしと伝わってきます。

あなたはここから何を理解するでしょう？ ラクに歌えているのは、生まれつきの美声や音楽性の持ち主だからでしょうか？

私たちは、「うまく歌うには、ピアノやヴァイオリンと違って、あまり練習しなくてもいい」と、どこかで思っているのではないでしょうか？ なぜならば、声はすぐに疲れてしまうからと。長時間の練習や本番で、声が出にくくなった経験をお持ちの方もいらっしゃるでしょう。

一方、カラスも、ドミンゴも、プライも、フレーニも、サザーランドも、ルードヴィヒも…、往年の大歌手たちは皆、「歌声のために、日々の訓練がいかに大切であるか」ということを、折に触れて述べています[1]。

では、同じようにしているというのに、「声が出にくくなってしまう練習」と「うまく歌えるようになる訓練」とは、いったい、どこ

*1 ・ジョン・アードイン著:マリア・カラス オペラの歌い方(音楽之友社)1989, P15
・Jerome Hines : Great singers on great singing (Limelight Edition) 1984/ Twelfth printing 2006, P101
・ヘルマン・プライ著:ヘルマン・プライ自伝(メタモル出版) 1993, P100

が、どのように違うというのでしょうか？

　前著「うまく歌える『からだ』のつかいかた」に登場したコロラトゥーラ・ソプラノのマリアンネ・ブロックは、「私のコロラトゥーラは訓練でできるようになったもの。歌う練習は一日中できるわ。通りを歩いていてもね」と、私に何度も語りました。しかし、私は、「彼女のコロラトゥーラの声は生まれつきのものだ」と、長い間、思い込んでいました。なぜなら、彼女が、いつでもどこでも、どんな高音も正確にラクラクと情感豊かに歌う場面にしか、出会ったことがなかったからです。

　歌うことにおいて、効率のよい有効な練習とは、どんなものなのでしょうか？ ここには"すべきこと"と"してはいけないこと"が、明確にあるように思います。私たちは、今まで、何か大きな勘違いをしていたのかもしれません。

## 【パラドックス2】

　「自分の耳には、とてもよく響いて、いい声に聴こえる」のに、録音を聴いてみると、「音が下がっていた」「声がこもっていた」「声が揺れていた」など、散々な経験をお持ちの方はありませんか？ それは、「歌っている時に自分に聴こえている声と、外に出ている実際の声は異なること」、つまり、「歌っている最中に自分に聴こえる声をもとにした判断は当てにならない」からです。

　さらに、「うまく歌えるようにと考えて歌えば歌うほど、うまくいかなくなる」、「何も気にしないで歌った時ほど、いい声が出た」、という経験をお持ちの方もいらっしゃるでしょう。気をつければ気をつけるほど、声が出にくくなったのは、なぜでしょうか？

　「若い時は何も考えないでも声が出た」という方も、よくいらっしゃいます。その時は、本当に何も考えていなかったのでしょうか？ そして、何も考えず、わからないまま歌っていたのでしょうか？ そして、そのほうが、本当にいいのでしょうか？「ラクに歌おうと気をつけても、力が入っています」という方も多くおられます。それ

*2　コロラトゥーラ
coloratura（伊）、Koloratur（独）
速い経過句や走句、トリルのような技巧的で華やかな旋律をいう。

*3 川井弘子著：うまく歌える「からだ」のつかいかた（誠信書房）2015, P112

はなぜでしょう？ では、どうすればいいのでしょう？

**歌はあまり練習しなくてよい？**

・練習すると声が疲れる、かすれる

**何も考えないほうがよく声が出る？**

・「ラクに歌おう」と気をつけても、力が入る
・気をつければ気をつけるほど
　声が出ない、できない

【パラドックス3】

　ラグビーの世界的ヘッドコーチ、エディ・ジョーンズ（Eddie Jones 1960- 豪生まれ）は、「日本のコーチは"ハードワーク"を誤解していることが多い」と言っています。「厳しい規律を求め、ただ失敗を責めるだけでは、選手は委縮してしまう」と。また、「選手全員を同じように指導することは、平等ではなく怠慢だ」とも。同じチームでプレーする、強靭なからだを持ち合わせたラグビー選手でさえ、ひとりひとり違ったメニューで練習するというのです。

　では、自分のからだの内部に、「粘膜に覆われた繊細で小さな声帯という楽器」を持った私たちは、歌の練習についてどのように理解し、どう進めていけばよいのでしょう？

　「あれもダメ、これもダメ」「ここはこうして、これもこうではなくこうして」と自分の声や歌いかたをひたすら否定し、自らを委縮させながら、歌う練習をしている人はいませんか？ あるいは、教わった発声練習を、その目的や意味を考えずにただ自分に課すことで、練習だと思っている人はいませんか？ 実は、これらはどちらも、勤勉ではなく怠惰なのです。

*4 Sports Graphic Number925　2017年4月27日号　P16

私が気づいたことは、歌う時「気をつけなくてもよいことがある」ということと、「"気をつけること"は、必ずしもその通りの結果になるとは限らない」ということでした。それどころか、「まったく逆の結果になることさえある」のです。
　だから、自分で練習する時には、「その場ですぐによくなることを期待するのではなく、変化や成長を辛抱強く待たなければいけないことが多くある」こと、さらに「その時はまだ気をつけてはいけないことがある」ということでした。これは、指導する時の生徒に対するアドヴァイスのしかたとしても、このまま当てはまります。

　もしあなたが、以前は特に何もしなくても思うように歌えていたのに、「声が出にくくなった」「発声がわからなくなった」と言われるのなら、それは残念ながら、「歌う楽器としての声やからだを"安定した楽器"へと成長させる練習が、十分できていなかった」ということを意味します。曲を仕上げることが最優先で、自分の"歌う楽器"のことはよくわかっていなかったということでしょう。
　「早くうまくなろう」と練習を重ねることで声にトラブルを抱えた方の場合は、自身はそのつもりがなくても、結果的には"その練習方法が間違っていた"ことになるでしょう。
　「急に高音が出なくなった」「声が揺れる」「声が出にくくなった」のは、ただ年齢のせいではありません。日々の練習のしかたの問題

が、年齢とともに出てきたのです。チリも積もれば"癖"となります。体力が衰えれば、少しでも何か不自然なことを強いると、それは負荷のかかった悪い傾向として、明確に外に現れやすくなるでしょう。逆に考えれば、その事柄を理解し解決すれば、先に進むことが可能です。よくならないのは、「問題の解決方法を今のあなたが、明確に理解できていない」ことを意味するでしょう。

　自分に合った方法は、見つけられます。それは、今、ここで可能なのです。第2章〜第7章で、その具体策を見ていきます。

# 2 「歌う技術」という幻想
## 〜理解する・気づく・感じる

　"歌えるテクニック"というものがあって、「それを習得すればうまく歌えるようになる」と思っていませんか？ よく歌える人はよりよいテクニックを持っているので、その人からテクニックを教わって、その人の真似をして練習すれば、「自分もその人のようにうまく歌えるようになる」と思っていませんか？

　しかし、残念ながら、これは間違いです。現に、世界的な歌手の真似をして、あるいはよく歌える歌手からレッスンを受けて、その通りに歌っていたら「発声がわからなくなった」「声が出にくくなった」という経験を持つ人も多くあります。

　同じ発声練習をしていても、「ある人は声が出やすくなったのに、自分は出にくくなった」という経験はありませんか？ 私はあります。では、どうしてこのようなことが起こるのでしょうか？

　その前に、「うまく歌える」「よく歌える」というのは、どういうことなのでしょう？ この意味を、もう一度、考えてみる必要があります。他の人とそっくりにうまく歌えても、何の意味もないのではないでしょうか？ なぜなら、「あなたは"あなたの歌"をあなたらしく歌うことに意味がある」のですから。

　「テクニック」と向き合う前に、あなた自身と向き合いましょう。あなたのからだや、曲とともに変化するあなたの感覚、そして感情に、音楽を通して向き合うのです。

　第2章からは、他の誰でもない、"あなた自身のからだ"のことを「ソマ」という言葉で表しています。「ソマ」とは、もともとギリシャ語で「からだ」を意味しますが、英語の「ボディ」と異なるのは、皆に共通の「からだ」あるいは第三者から見た「からだ」のことを指し示すのではなく、刻々と変化するあなた自身という存在の、今、ここにいる、個人的な感情や感覚を伴った「からだ」を指すことです。

「練習のコツを教えてもらって、今すぐよくなりたい」という方も多いでしょう。しかし一方で、実は、「そんな都合のいいことでは到底、歌がうまくなるのは無理だ」ということを、あなたもご存じではないでしょうか？ 今すぐではなく１週間後、１週間後より１カ月後、１年後…といったように、１カ月後には声が少し出るようになったけれど、１年後も５年後にもまったく成長できないというよりも、継続的に練習しただけ、のびのび歌えるようになることが、すばらしいことだとは思いませんか？

世の中には、「その場しのぎの応急処置的な方法、つまり、それに気をつけているとほんの少しはよくなるけれど、いつまで経ってもあるレベル以上には絶対にならない練習方法」、あるいは、ひとつのことはできるようになっても、他のことができなくなる「次のステップに進めない方法」が蔓延している、と私は感じています。

早く効果をあげようと急ぐために、うまくなりたい私たちも、すぐに効果があがる派手な方法に目が向いてしまいがちなのです。また、「少し無理をするほうが、早くよくなるのではないか」とも思いがちです。さらに悲しいことには「自分では“今の方法では効果があがらない”ということになかなか気がつかない」ことです。なぜなら、効果があると思いこんで練習することで、その時の“自分のソマ”への“気づき”に鈍感なことになってしまっているからです。もし、「何かおかしい」「声が重い感じがする」「からだが窮屈だ」などと感じたら、その練習をいったん、中断してみましょう。

本当にうまくなりたいのなら、不必要な練習を「やめる勇気」を持ち、“今、違和感を感じているソマ”と向き合いましょう。その都度、自分に必要な練習方法をヴァージョンアップしていくことも必要です。ここでのヴァージョンアップとは、どんどん難しいことをするのではなく、「何をしなくてもいいのか」がわかるということかもしれません。

私は、上達するための歌う訓練に必要な最初の要素は、次の２つだと思っています。

| 理解すること | 気づくこと |
|:---:|:---:|

　「理解すること」には、大きく分けて３つあるでしょう。

**（1）自分が何者なのかを理解すること**
**（2）音楽を理解すること**
**（3）自分の「ソマ」「声」について理解すること**


## 【１. 理解すること】

　「（1）自分が何者なのかを理解する」とは、自分が育った国や地域の歴史、文化的な背景、日常での使用言語なども踏まえた上で、「自分がどのようなアイデンティティを持っているのか」ということです。自分を理解することが、音楽への理解や解釈を深め、感情表現を豊かにしていくでしょう。これらは、異なる言語や文化の歌を歌う時にも、肯定的で、積極的に作用するでしょう。

　「自分ができないことを認める」ことも大切です。自分の弱さやできないことを認めることは、あきらめることでも、向上しないことでもなく、実は「上達を促すこと」なのです。自分ができないことをごまかして、表面的にうまく乗り切ろうとすると、若い時にはそれなりにできたとしても、年齢が進むとともにうまくいかなくなることを、あなたもご存知ではないでしょうか？
　「最初から何でもできること」「問題が起こらないこと」がよいのではなく、「どんな問題があるかをきちんとつきとめ、認め、それに向き合うこと」がもっとも大切です。適切な対処を行っていけば、必ず先に進めます。

*5　プラシド・ドミンゴ
Placido Domingo（1941-　）
スペイン出身のテノール歌手。

*6　ヘレナ・マテオプーロス
著：プラシド・ドミンゴ　オペ
ラ62役を語る（アルファベー
タ）2001,P27

プラシド・ドミンゴがテル・アヴィヴの歌劇場で歌っていた2年半の間、呼吸法と発声を見直し、声を軽くし高音が出るようにしたことは、有名なエピソードです。

「（2）音楽を理解する」とは、演奏する曲への理解です。歌詩の内容や場面、フレーズがどのように進んでいるのか、和声はどうなのか、などの基本的なことも含まれます。本書ではソルフェージュや楽曲の理解のしかたについては扱っていませんが、第2章〜第7章では、その理解が発声や呼吸の持続に関係していることを説明していきます。

「（3）自分の『ソマ』『声』について理解する」ことは、本書の最大のテーマです。

歌うソマについて理解していただくために、第2章〜第7章では、具体例を挙げて説明していきます。そうなのです。これらの例は、あなたがあなたのからだや声について"理解する"ための"例"なのです。「こうしたら、必ずこのようによくなる」というHow-Toではありません。こうしたらよくなると、言い切ることはできないのです。

ですから皆さんには、必ず、理解した上で、自分なりに咀嚼し、応用してつかってほしいのです。また、理解しがたいもの、反対のご意見やまったく別の方法があることも想像できます。そして、それらも大切にしていただきたいのです。効率のよい方法や解決策は、ひとつではありません。


## 【2.　気づくこと】

"気づき"は、歌う時、毎回、新しく起こります。繰り返し練習しても、毎回、そこには異なる"気づき"があるでしょう。もし、"気づき"がないのなら、癖に陥りやすくなっているということです。つまり、いいと思ってやっている練習でも、実は癖をつけているだけということになりかねません。練習とは、"その時の自分"に"気づき"ながら、より適した方法を"選択する"中で、先に進んでいくことです。そこにはさまざまな葛藤もあると思われますが、「歌う喜

び」と「向上できる喜び」のふたつが必ずあるでしょう。

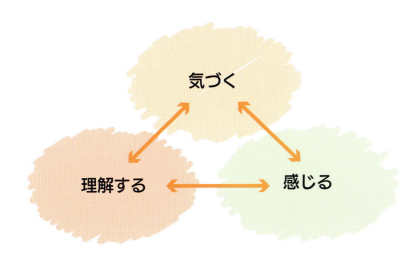

　「毎日、この発声練習を〇回すれば、△日後に必ず歌がうまくなります」。そんなものは存在しません。その練習でうまくなる人が出てくるのは、その人に"理解"と"気づき"があるからです。先に進むことができない人は、表面的にやっているだけで、そこに"理解"も"気づき"もないからです。それ以前に、自分に合っていない練習なのかもしれません。何をどう歌うのかを選択するのも、あなた自身なのです。

　そして、"理解"と"気づき"は、"感じる"ということにつながるでしょう。他の人にわかるように言葉で説明することはできないけど、"歌える"人は、自分のソマで自分が歌えるようになんとなく"感じる"ことができているからです。
　しかし、問題を抱えていて、それを解決しなければ先に進めない場合は、これだけでは不十分でしょう。ここでは、「"何が必要"なのかの繊細かつ明確な理解」が必要です。同時に、「何がどのくらい"不必要"なのか」、その実際に"気づく"必要があります。プロとして長く活躍する人たちは、この"気づき"がずっと起こり続けている人たちなのかもしれません。
　ルチアーノ・パヴァロッティ[*7]は、「横隔膜の大切さを理解したのは、

*7　ルチアーノ・パヴァロッティ
Luciano Pavarotti (1935-2007) イタリア出身のテノール歌手。

*8 ルチャーノ・パヴァロッティ／ウィリアム・ライト共著：パヴァロッティ マイ・ワールド（小学館）1996, P410-411

*9 ジョーン・サザーランド Joan Sutherland (1926-2010) オーストラリア出身のソプラノ歌手。

プロになって数年経ってからだった[8]」と言っています。1965年に、ジョーン・サザーランド[9]といっしょに公演をした時、自分の歌にはよかったり悪かったりむらがあるのに、彼女は幾晩にもわたって芸術性の高い歌唱を聴かせられるので、その秘訣を尋ねると、彼女は喜んで、強い横隔膜のつかいかたを教えてくれたそうです。

空・無

感じる

気づく

理解する

## 3 "おおらかさ"と"繊細さ"、どちらも大切です

　毎月レッスンに来るソプラノの方から、こんな質問を受けました。

　「練習をしていたら、今までとは違う音で声がひっかかったり、余計に揺れたりするのですが、このまま続けていても大丈夫なのでしょうか？」　その時の私の答えは、「それは気にしなくても大丈夫ですよ」でした。しかし、あなたから同じ質問があった場合、まったく別の回答をする可能性もあります。

　このソプラノの方は、無理な練習を重ねた結果、歌声をほとんど失って、私のレッスンを受けにやってきました。彼女の声帯は、どの高さの音でもまったくと言っていいほど振動しなくなっていたのです。彼女の言う揺れや引っかかりの状態とは、そのまったく起こらなくなっていた声帯振動が起こってきたということでした。それ以前は、揺れたり、引っかかる声さえ出ていなかったのです。ところが、彼女の脳は、「声が揺れた」「声が引っかかった」というよくないことが起こった、と理解してしまったのです。

　私は、「声帯が再び振動を取り戻している過程で起こった一時的なことで、声帯振動はよくなっている」、と彼女に説明しました。つまり、この新たな状態は不安になるべきことではなく、喜ぶべきことなのです。ソマには、いつも"過程"があります。ここで大切なのは、"新しい振動が起こってきた"ことのほうです。ただそれが、まだ完全ではないだけです。ですから、こういう場合は、よくなっていることに注目し、「完全でないことを許す"おおらかさ"」が必要となります。

　もちろん、声の調子が悪い時は、「耳鼻咽喉科のお医者様に診ていただき、そのご意見を伺いながら」歌っていく、レッスンしていくということが大切なことは、言うまでもありません。


　私たちの歌う楽器は、粘膜に覆われたわずか1～2㎝ほどの筋肉[10]で、各人の"からだの中"にあります。ピアノのように、誰かに調律してもらえる、からだの外部にある大きな楽器ではありません。空気を伴って振動が起こり、からだの中の空間で共鳴して声となり、自

*10「うまく歌える『からだ』のつかいかた」P42

分の吐く息でその振動を持続させることができます。ピアノと違って、習わなくても、誰でも、ある程度の音域の声は出て、ある程度の歌は歌えるのです。まず、この事実を信頼しましょう！

　一方、こちらは2カ月ごとに個人レッスンにやって来るテノールの方ですが、「急に声が出なくなった」というメールが届きました。「演奏会のために、あるアリアを練習していたら、声が急に出なくなった」というのです。しかし私は、「ああ〜、やっぱり」と思ってしまいました。なぜなら、幾分よくなったとはいえ、彼はまだまだ力まかせに歌っていたからです。そして、「練習時間がいつもより増えたんだな」と理解できました。本人は「急に声が出なくなった」と、困惑したかもしれませんが、私には「練習のしかたに問題があり、それが長時間になったために当然のごとく声が出にくくなった」と思われました。

　そのヘンデルのアリアは跳躍もあり、細かい動きもあり、しかもかなり高い音もありといった、オラトリオの難しい曲でした。つまり、喉に無理をかけないように自分のペースで丁寧にゆっくり練習すれば、この曲が歌えるようになることで喉という楽器の性能もあがり、うまく歌えるようになったでしょう。しかし、急いで無理に練習すると、喉周辺の、本来は歌う時に働く必要のない筋肉が代償行動のように働き、つまり "力んで歌う癖がつく" ことになるのです。

　彼の場合は前述のソプラノの方とは逆で、少しでも声がガサついたり、引っかかる、あるいは喉が締まって苦しいというようなことが一音でも起これば、そこで歌うことをやめ、丁寧にその音を歌い直すことが必要でした。ここでは、「完全でないことを許す "おおらかさ"」ではなく、「完全でない動きに気づく "繊細さ"」と、それを修正しながら、「丁寧に練習する "辛抱強さ"」が必要です。[11]

*11　このテノールの方は音声外来を受診しました。力が入りすぎていたため、最初の診察時には声帯がまったく見えなかったそうです。そして、耳鼻咽喉科医にも、「息の送りが十分でないこと」、「無理矢理、歌ってはいけないこと」などを指摘されました。演奏会は2週間後で、やむを得ずキャンセルとなりました。しかし、これは失敗ではなく、何かに明確に "気づく" ための "よい機会" でした。なぜなら、その後、急によくなったからです。

# あなたのソマは、
# あなたに何を知らせようとしているのでしょう？

24　うまく歌える「からだ」のつかいかた　実践編

「舌の位置をどうしたらいいのかわからない」「口はどのようにあけたらいいのでしょう？」と悩まれる方がいらっしゃいます。今までは「口を大きくあけなさい」と言われていたのに、別の先生に習いはじめたら、「口をあけすぎている」と指摘された…と。

口があいて、いい声が出る人もいれば、あけすぎて、首や肩に不必要な力が入っている人もいます。注意すべきなのは、「いつもどのくらい口をあけたらよいか」ではなく、その時に必要な"動き"と"その質"です。その前に、そもそも口とはどこで、どこから、どのように動くように設計されているのでしょうか？[12]

顎の下、舌の下に位置する喉頭の中にある声帯は、コントロールして"音程をつくる"のではなく、「不随意的に見事に働いてくれる鰓弓器官だ」ということを説明しました。[13]誰にも備わっている機能です。ですから、声を出す時は、「自分がやろうとしていることに対して、からだはどのように機能するのか、どう動こうとしているのか」、それを"感じ取る"ことが最初のステップです。そのソマの動きを大切に、練習を積み重ねましょう。すると、それらと協働した、あるいは自分ではまるで何もしていないかのような、より洗練された微調整ができるようになるでしょう。この状態を、「自分が歌うのではなく、まるで誰かに歌わされているかのようだ」と表現する人もいます。木下武久氏は、これを「まかせて歌う」と表現しました。[14][15]

最終的には、歌うことで自分を解放し、オペラの役や詩を直接的に表現できるでしょう。音楽からインスピレーションを与えられ、ただ演じる自分がそこにいるでしょう。そこにはソマがありますが、ソマをコントロールしている自分の存在すらないと感じるでしょう。

---

*12　バーバラ・コナブル著：音楽家ならだれでも知っておきたい「呼吸」のこと（誠信書房）2004, P5 ▶ 本書 第8章5 P134-136

*13　「うまく歌える『からだ』のつかいかた」P36

*14 木下武久 (1924-1990) 発声指導者。東京藝術大学卒業後、ドイツで学んだバリトン。F. フースラーに師事。日本声楽発声学会理事を歴任し、1969年、下北沢に木下発声研究所を設立、名古屋、大阪、岡山でも定期的に指導し、日本における声楽発声に大きく貢献した。(→「うまく歌える『からだ』のつかいかた」P107-110)

*15　「うまく歌える『からだ』のつかいかた」P110

# *4* 「やめる勇気」「放っておく勇気」

　努力を続けているのに先に進めない人は、できないのでも、才能がないのでもなく、単に"癖に陥っている"ことが多いようです。では、そこから抜け出すにはどうしたらいいのでしょう？

　それは「やっていることをやめること」です。よいと思って歌っていることの中に、実は、自分のソマを動きにくくするような練習があるのかもしれません。

　息が足りなくなるから、
　　・しっかり吸おうとしていませんか？
　　・その時、首に力が入っていませんか？
　　　　　肩があがっていませんか？
　　　　　こういう時はどうしたらいいのでしょう？

　第2章・第3章で見ていきます。

　よいと思ってやっているのに、実は「声が重くなってきて、以前より歌いにくい」と感じられる人はいませんか？
　例えば、
　ブレスを取ろうとして肩があがるのだったら、
　　そうです、
　　そんなにたくさん息を吸おうとしなければいいのです。
　でも、それでは息が足りなくなる…?!
　そんなことはありません。

　歌う呼吸についても、第4章〜第6章で具体的に学びましょう。

　歌うのはあなた自身なのです。あなたには、「何に注意して歌うのか」、選択できる自由があるのです。歌うことは個人差も多く、「からだ」のことですから、時間も多くかかるでしょう。一方、長い間わからなかったことが、ある時、急にわかることもあるでしょう。

「すぐにできるようになろう」と、無理をしないでください。大切なのは、「できないところができるようになる」のではなく、「できることが増える」ことです。「うまくいくところの感覚で、全体が歌えるようになる」とも言えます。時々お目にかかるのは、「できないことばかり熱心に練習するあまり」、できていたところの感覚がわからなくなって、「混乱を起こして歌えなくなる」という非常に残念なケースです。

"歌えるようになる"とは、「先生に言われた通りに歌う」ことでも、「先生のように歌う」ことでもないのですから。「あなたの歌は、あなたの方法で、あなたにしか歌えない」のです。あなたの声は、あなたしか持っていません。あなた自身の歌をあなたが歌うのです。なんと、すばらしいことではないでしょうか！

# 5 答えは「あなたの中」に

「声をよく響かそう」として、頬の筋肉を上にあげたり、上顎を上にあけようとしている人がいます。しかし、そのように気をつけているせいで、気をつけているところとは別のところ、例えば、首に不必要な力が入ったり、舌や顎が硬くなったりしていませんか？ 意識しているところではない別の場所に、歌うことを邪魔する動きが発生していることに、気づかないのです。

これらに"気づく"自分を育てましょう。それに気づかずに、「まだ足りない」と思ってさらに努力すると、邪魔している要素がもっともっと強くなり、ますます声は出にくくなってしまうのです。

歌のレッスンをしていて、いつも思うことがあります。
「どんなことに困っていますか？」と尋ねると、
多くの人が
「こういうふうに思ってこう歌ったら、このようになって、こううまくいかないんです」
と、"きちんと"説明してくれます。

多くの場合、その中にすでに回答があります。

「では、そう思わなければ、そうしなければ、うまくいくのでは？」
「えっ、でも、○○するように、いつも先生に言われています。
そして、できないからもっとそれをやるように言われるので、そうしています。何か間違っているのでしょうか？」
「うまくいかないのなら、何か間違っているのかもしれませんね」

では、具体例を次の章から見ていきましょう。

# 第2章

## 歌うソマへのレッスン
## 実践編1
## やりすぎていませんか？

「ソマ」とは、"気持ちがいい""苦しい"といった、自身の感覚を伴ったあなたから見た"からだ"のことを指します。ソマの状態に"気づく"ことで、あなたの歌声はどのように変化するでしょうか？

## Case 01

実践編1
やりすぎていませんか？

# 姿勢を気にすればするほど、歌えなくなります

> ・注意されることを気をつけようとすると、からだが硬くなって、声が喉に引っかかる感じがします。
> ・「腹筋は強いほうがいい」と思って鍛えていたのですが、ある先生から「あなたのお腹の筋肉は硬い」と指摘されました。どうすればいいのでしょう？
>
> 学生・24歳・ソプラノ

**PROFILE**
高校から合唱部に所属し、大学ではピアノ専攻。大学院から声楽専攻に転向した大学院2年生。講座を2回受講。

\ Hiroko's 気づき /

よいと思われることを一度に全部やりすぎて、混乱を招いているようです。

### 受講理由

　大学3年で学内オペラに出演したことをきっかけに、声楽に興味を持ち、大学院での専攻をピアノから声楽に転向しました。すると、副科声楽のレッスン時とは違って、「筋肉が足りない」「もっと音量のある声で」などと、授業で急にさまざまな指摘をされるようになりました。

　そこで、整体に行ってみたり、腹筋や背筋などの筋トレなども、自分で工夫しながら試してみました。しかし、声とからだのつながりは実感できませんでした。この頃から、歌っている時に喉が痛くなったり、顎が疲れる、と感じるようになりました。

　コンクールでは、「もっと発声の研究を」「中音域の充実がない」という指摘を受けました。声楽専攻になって以来、風邪も引きやすくなったと思います。

　日常でも、歌っている時も、周りの人から「姿勢が悪い」と言われるので、「姿勢が悪いから直さなきゃ！」といつも思っています。歌う時には、特に姿勢に気をつけるようにしていますが、するとお腹周りと首がぎこちなくなります。

　「肋骨を広げたまま歌うと、声に張りが出る」と指導されたので、それを試してみました。しかし、確かに張りのある声は出るのですが、その状態を持続できません。

## 今までのレッスン

### 足指とバランスボール、自分の声との向き合いかた

　初めて彼女の歌を聴いた時、からだがとても窮屈そうな印象を受けました。彼女が一生懸命、からだをつかって歌おうとしていることもわかりました。

　歌っている時の足の指がどうなっているのか尋ねると、「いつも力が入って、指先が縮こまっている」という回答でした。そこで私は、「足の指は縮こまらず、指の腹は床に接着していること」、つまり、「踵と5つの母指球部で体重を受けとめ、指にはそんなに力を入れなくても、歌う間ちゃんと立っていられること」を指導しました。[*1] もちろん、歌う中で体重は移動したり、曲に強い表現が必要になると、足指をギュッと踏みしめることもあるでしょう。

　==バランスボールに座って歌う==[*2] ことを、日々の練習でも勧めました。

　レッスン時にバランスボールに座って歌うと、彼女の音量は明らかに大きくなりました。また後日、家でも同じように試すと、「驚くほど、自然に声が出ました」という報告がありました。

　ところが、今まで多くのことに気をつけて歌っていた彼女は、「ラクに声が出ること」を物足りないように感じているように見受けられました。なぜなら、自分が「何をしたから、声がよく出るようになったのか」の実感がなく、そのため、頭では何が起こったのか理解できないからです。そこで私は、次のレッスンまで1カ月あることもあり、さらに続けて、「もし何かに気をつけたいのなら、次の2つを注意してみてください」と、指示を出しました。

- "後ろ頭"があります。
- 足の裏全体が地面に接着しています。脚があります。

　歌う前に、後頭部を触り、あたま全体が球形の立体であることを確かめたり、脚を触ってみるのもよいでしょう。なぜなら、そこも歌うソマの一部だからです。しかも彼女にとっては、もっとも忘れられやすい場所でした。

　最初はただバランスボールに座って歌い、次に、ボールの上で、骨盤で円を描くようにからだ全体を動かしながら歌うのもよいでしょう。

　私は、彼女の声について、「高い声で、よい響きを持っているね」と、話しました。すると彼女は、「自分にできることを目指せばいい」と、前向きに思えるようになったといいます。それ以前は、「あれが足りない」「これができない」と、できないところばかりが気になっていたと。「自分のできないところ、足りないところ、弱いところを補う練習・強くすること」は、歌うことにおいても大切ですが、その前に自分の声の特徴や長所をわかることがもっと重要です。

　なぜなら、「歌うことは、==できることをプラスしていく==こと」だからです。できないことを気にするあまり、できていることのバランスが崩れたり、できることを発展させられなくなることは避けなければなりません。

　「できることを増やすこと」イコール「できないことをできるようにすること」ではない点も、歌うソマにおいて混乱が起こることかもしれません。知っておいてほしいのは、歌うことにおいては"弱点克服法"ではなく、「できることから始める」こと、そしてそれを増やす・育てることで先に進めるということです。

---

[*1] バーバラ・コナブル著：音楽家ならだれでも知っておきたい「からだ」のこと（誠信書房）2000, P32-33 ▶本書 第8章6 P137
[*2] 「うまく歌える『からだ』のつかいかた」P126-127

《バランスボールの使用法についてのその他の参考文献》
- Anne Spalding, Linda Kelly, Janet Santopietro, Joanne Posner-Mayer 著：ちゃれんGボール（ギムニク）2000
- 深瀬吉邦・本谷聡編著：おとなのためのGボール運動遊び（ギムニク）2001
- C.C.Creager: Therapeutic Exercises using the Swiss Ball（Executive Physical Therapy, Inc）1994

**歌うことは、「できることをプラスしていく」ことです。できないことは、ひとまず放っておいて大丈夫。**

**Case01** / 実践編1
やりすぎていませんか？

---

## LESSON

> レッスン曲目

山田耕筰：野薔薇（詩／三木露風）


### 指導者が理解するということ

Hiroko（H）：今、一番困っていることは何ですか？
Student（S）：「ささえ」をどうしたらいいのかわかりません。
「姿勢が悪い」と言われますが、どうしたらいいのかわかりません。

　わずかこれだけのやり取りなのですが、こう答えた後、もう一度歌ってもらうと、彼女の歌はよくなっていました。「何に困っているのか」「どこを悩んでいるのか」を言葉に出し自分で明確化すること、またそれを、「指導者が理解すること」で、生徒の安心感が増し、「ソマが安定する」ことにつながるようだと私は思いました（▶本書 第8章4 P133）。


### 首の後ろが締まるのなら、その呼吸はよくないです

H：鼻から息を吸っていますか？
S：はい、「鼻から息を吸おう」としています。大学の授業でそのように指導されました。

　しかし、息を吸う時に、首の後ろが締まってきていませんか？ もし、「首の後ろが締まる」のなら、「息は、鼻からでも、口からでも、どこから入ってきてもいい」と思って、歌ってみてください。いずれにしても、「首の筋肉が締まってくる」のはよくありません。

### 息が足りなくなる時は

H：息が足りなくなると思っていますか？
S：「♪えぞ〜ちの　の〜ば〜ら〜」のところは音も高くなるので、「しっかり吸わないといけない」と思っています。
H：私は、「息の吸いすぎではないか」と思います。「息が足りなくてもいい」「しっかり吸わなくてもいい」と思って歌ってみてください。

*32*　うまく歌える「からだ」のつかいかた　実践編

第2章 実践編1 やり過ぎていませんか？

ソマにはそもそも、「息を吐けば入ってくる」という機能的な動きが備わっています。その本来の動きを信頼し、その結果として、歌う時に"息が長く続く"ような訓練をしましょう。

「からだをつかおう」とする前に、「からだ全体がつながっている」ことを知りましょう、感じましょう。

\ Hiroko's アドヴァイス /

### 歌う方へ

「早く上手になろう」として、いろいろな先生のアドヴァイスや本に書いてあることを、一度に全部やろうとする人がいます。ところが、それらをいくらきちんと練習しても、残念ながらよくならない人が多くいます。なぜなら、自分のソマのペースで歌っていないからです。

子どもが機嫌よく歌を口ずさんだり、大人がお風呂で気持ちよく歌っているような、そんな感覚が、どんな歌を歌う時も、からだのどこか深いところにあることが大切です。

まずは、のびのび歌えなければ、「言葉をはっきり」、「よくささえて」などの言葉掛け、からだに対するこまごまとした注意は、何の意味も持ちません。

今は「何に気をつけて歌う必要がないのか？」を知りましょう。歌う楽器としてのからだの成長には時間がかかります。歌いながら、少しずつ進みましょう。

### 指導者の方へ

"よき指導者"とは、生徒の声とからだの状態から、「今、何を注意してはいけないのか」を判断できる人でしょう。一見「正しい指示」と思われることが、生徒の学び段階や性格によっては、ただただ混乱を誘引するだけのこともあるので、慎重な選択が必要です。

「つながる」ことが最優先です。

# Case02

実践編1
やりすぎていませんか？

## とにかくやめたら、歌えました

> " ・すぐに喉が痛くなり、声がよくひっくり返ります。
> ・練習していると、首やふくらはぎがだんだん痛くなります。
>
> 会社員・37歳・ソプラノ "

### 受講理由

　一生懸命歌っているのに、あまりにも歌うことが苦しく、これでダメだったら歌うのをやめようという覚悟で、講座を受講しました。講座内で歌わせていただき、何か救われたような気持ちになりました。その後、月1回の個人レッスンをお願いして、9カ月が経ちます。

**PROFILE**
音楽大学声楽科卒業。会社員。

\ Hiroko's 気づき /

心身ともに、あまりにもがんじがらめになっているようです。何に注意して歌っているのでしょうか？

**歌っている時には確かめられません。**

## LESSON

# 「気をつけていること」の意味を ソマから考えてみましょう

　初めてのレッスンで「何に気をつけて歌っていますか？」と尋ねると、次のような回答が返ってきました。

1．口をしっかり大きくあける
2．頬をあげる
3．目を見開く
4．膝を入れる
5．背筋を伸ばす
6．息をしっかり吸う
7．歌う前にしっかり準備する、構えてから歌う
8．調子の悪い時こそたくさん練習する
9．横腹（ウエスト部分）を外に張る
10．声を安定させる
11．新しい曲は、まずCDを聴いて、感じをつかんでから練習を始める

「1～11を、歌う時に常に意識してやっている」というのです。そこで、彼女のソマや声に実際にどのようなことが起こっているのか、私に見えたこと、私が感じたことを、以下のように説明しました（項目番号同じ）。

（以下の説明は、参考になる方とまったく参考にならない方があるでしょう。どのくらい参考にするのがよいかは、私には何とも言えないのです。あなたの歌を聴いていないのですから。ご自分の判断を大切にしてください）

## 1．口の中や首に力が入っていませんか？

　がんばって歌っているのに、声が思ったように出ていないのではないでしょうか？

　常に「口を大きくあけよう」としているために、声が硬くなっているように聴こえます。

　「口が大きくあく」のはいいのですが、「口を大きくあけて声を出そう」、つまり「口を大きくあけることが声を出すことだ」と考えていると、口の中や顎周辺が硬くなってしまい、声帯の動きが悪くなって声が硬くなることが多いのです。なぜなら、「口をあける」ことは、「声を出す」ことのひとつの要素かもしれませんが、イコールではないからです。

## 2．頬をあげようとすることで、首や肩に不必要な力が入っていませんか？

　苦しそうに見えます。音程が下がり気味なので、なおさらそのように気をつけているのだと思いますが、ソマの観点からすると、「音程の問題が改善されないのは、頬をあげようとしているから」です。

## 3．「目を見開いた」時、あなたの首や肩に何が起こっていますか？ 何か感じることができますか？

　目を見開こうとした瞬間、肩や首が硬くなっているように見えます。首が硬くなると、からだ全体が固まることを促しているようなものなので、声は出にくくなってしまいます。

（次ページへつづく）

## Case02

実践編1
やりすぎていませんか？

**4．私には、「膝を入れる」という注意の意味がよくわからないのですが、どのような効果を狙っているのでしょうか？**

膝を入れるために後ろ重心となり、脚全体や股関節周り、そして、からだ全体が固まってきているように見えます。そして、そのために呼吸が浅くなっているのではないでしょうか？

**5．いつも「背筋を伸ばそう」とすると、からだがきつくないですか？**

歌う時には、呼吸に伴って、繊細な脊椎の動きがあることを知っておきましょう[*1]。もう少し、ゆるみを感じるか、精神的にゆとりを持ったほうがいいでしょう。正しくしようとがんばっていることで、ソマの本来の動きを妨げているようです。

**6．歌う時に、「息をしっかり吸おう」と思う必要はありません**（▶本書 第3章Case09 P55）。

**7．声を出す直前に、何を準備しているのでしょうか？**

「歌う準備をする」「きちんと構えてから声を出そう」としていることで、空気が循環するのを押さえ込み、特に息を吐けないようにしているように見えます（▶本書 第9章6 P157）。

**8．調子が悪い時は、まずは十分な休息を取りましょう。**

「練習しない」「練習をここでやめる」という判断ができることも、声の健康や次の日のためには大切なことです。悪い状態から抜け出すための練習は必要ですが、その場合は、「自分に何が起こっているのか」を観察し、理解して、適切な練習方法を選ぶようにしましょう。

どうして調子が悪いのかわからない時は、ひとまず、練習を中断しましょう。もちろん、歌う人にとって十分な睡眠は何より大切です。

**9．「横腹を外に張る」とは、「腹横筋をつかう」ことを意味しているのでしょう。**

最終的にはこの動きは重要で、よくささえて歌うために、そのようにコントロールできます。しかし、「今は」この動きはしないほうがいいと思います。なぜなら、そうすることで、あなたのソマがますます苦しくなるからです。正しいことでも、「今」の「あなた」には、逆効果になることもあるのです。

**10．声は"結果"です。**

「声を安定させよう」と思うと、結果を先に限定してしまうことになり、からだも声も硬くなってしまいます。

"結果"にアプローチすると、プレッシャーがかかるだけで、よいことが新しく生まれません。だから、「声を安定させよう」と考える必要はないのです。自分に聴こえる声は不安定でいいのです。なぜなら、声は振動で、動きなのですから。

**11．自分ではそのつもりがないのに、聴いた歌手の声が耳に残っていませんか？**

そのために自分の歌が歌えなくなっていませんか？ 私には、あなたが誰の歌を聴いたのか、わかります。

彼女はレッスンの録音を家で何回も聴き返しながらいろいろと考え、次のように思い直したそうです。

1．口を大きく動かさなくてもいい
2．頬をあげなくてもいい
3．目を見開かなくてもいい
4．膝を入れなくてもいい
5．背筋を伸ばさなくてもいい
　〜「姿勢を正しく」したつもりだったのですが、背中が反っていたようです。
6．大げさなブレスをしない
7．歌い出しで構えない（＝自然にそのまま歌いはじめれば大丈夫）
8．調子の悪い時は練習をしなくてもいい
9．横腹（ウエスト部分）を外に張らなくてもいい
10．自分では不安定に感じても心配しなくていい
11．新しい曲を始めるときには、楽譜から勉強する。最初にCDは聴かない

「これらをやらずにどうやって歌うの？」という大きな不安もありましたが、これらをしないで歌ってみたら、なんと声はどんどん出はじめたのです。それは私にとって、青天の霹靂（へきれき）とも言える不思議な体験でした。もちろん、喉は痛くありませんし、首やふくらはぎも痛くなくなりました。

||||||||||||||||||||||

これらからわかることは、「歌う時は何もしなくてもよい」ということではありません。ここまで戻ってから、今度はやっと正しいソマを訓練できるという、ひとつの始まりを意味しています。

ところで、彼女が最初にレッスンに持って来たのは、プッチーニの歌劇「つばめ」から「ドレッタの夢」でした。もっと別の曲を練習して、もう少しソマや喉頭が自由になってから、この曲に取り組むとよいでしょう。

*1「音楽家ならだれでも知っておきたい『からだ』のこと」P82

**わからなくなったら、離れましょう！
混乱したら、やめましょう！
「中断する勇気」も、あなたを成長させます。**

# Case03

実践編1
やりすぎていませんか？

## 少なくしたら
## 喉が痛くなくなりました

> ・歌っている時、喉が痛いです。
> ・声がすぐに嗄れます。
> ・"ささえて歌う"ことがわかりません。
> ・高音を出そうとして、つい力で押してしまいます。
> ・音程の高低差が大きいフレーズでは、すぐ声のポジションが崩れてしまいます。
>
> 教員・28歳・バリトン

**PROFILE**
音楽大学声楽科卒業。演奏活動を続けながら、支援学校に音楽教諭として勤務。1年半前から講座4回、グループレッスン3回、ARのAfterは4回目の個人レッスン。

### ＼ Hiroko's 気づき ／

いわゆる"何もしないでもよく声の出る"美声のバリトンなのに、どうして余計なことをやっているのでしょう？

### 受講理由

　高校の合唱クラブや声楽の個人レッスンでは、次のような注意を受け続けてきました。

1．遠くの一点を見つめて
2．しっかりささえて
3．お腹を締めて、お尻を締めて
4．喉の奥をあけて

　言われた通りに一生懸命やっていましたが、なかなかうまく歌えませんでした。

## LESSON

**レッスン曲目**
- F.Durante：Vergin, tutto amor
愛に満ちた聖母よ
- Non piú andrai, farfallone amoroso
もう飛ぶまいぞ、この蝶々
（W.A.Mozart：歌劇「フィガロの結婚」より）

「何に気をつけて歌っていますか？」と尋ねると、受講理由にある回答が返ってきました。そこで、私は次のことをアドヴァイスしました。

1．一点でもなく、固めるのでもなく、視野は広いままで、いろいろなところを見ても大丈夫です。
2．「しっかりささえよう」としないで。→少なくても大丈夫です。
3．お尻もお腹も締めようとしないで歌うことを、一度、試してみましょう。→膝をゆるめて、床を感じて歌ってみましょう（▶本書 第5章 Case19 P87）。
4．喉の奥を広くあけようとしないでください。→"ふつうにしゃべるように"口を動かしましょう。それで十分です。

たいていは説明する解剖学的なことを、今回の彼には説明せずに、これらをやってみるように促しました。彼も「とにかく試してみる」と、なんだかうれしそうでした。詳しく説明しなかったのは、「そのほうが、効果があがるだろう」と、推測したからです。

1カ月後のグループレッスン、歌う前に彼からまず、「声が嗄れなくなって、その結果、練習を長くできるようになりました」と報告がありました。しかし、納得がいかない様子。

- 今まで自分がやっていたことは、いったい何だったのでしょう？
- まったく間違いだったのでしょうか？ 言われた通りに、ちゃんとしていたつもりなのですが……。
- 『ささえてもいない』のに、どうして今のほうがよく声が出るのでしょうか？

と、次々に質問を受けました。
私の回答は次のようなものです。

（次ページへつづく）

**"繊細な変化がある"ことを知りましょう。**

# Case03 実践編1 やりすぎていませんか？

## 遠くを見る時は

「1．遠くの一点を見る」時は、同時に、幅広い視野があることが前提です。しかし、この注意で「視野が狭くなる」と、それは歌うソマを窮屈にしてしまいます。あなたの視野はどうなっていましたか？

前にも後ろにも、横にも、上にも、斜め下にも…空間はあります。その空間感覚があることは、歌うソマには必要なのです。「遠くを見る」ことには、「視野が広い」ことも含まれます。だから、一点ではなく、「どこを見ても大丈夫ですよ」と指示したのです。「視野を広げる」ことを促す言葉として、私はつかったのです。キョロキョロしながら歌うのがいい、という意味ではありません。

## 「しっかりささえて」と いうけれど

あなたは、「2．しっかりささえて」「3．お腹をつかって、お尻を締めて」と注意を受けたことで、常にしっかり強く、しかも同じように締めていたのではないでしょうか？

しかし、どのくらいの強さが適切なのかには個人差もありますし、当然、その強さは曲の中で変化します。どのくらい、どのように必要なのか、常にソマと相談しながら、歌う過程で徐々にわかってくることなのです。繊細な変化があることを知っておきましょう。これらは練習や本番を重ねながら、あなた自身の確かな歌う技術となるのです。

息が続かなかったり、高音をうまく歌え

なかったりすると、一般的に、多くの人は「まだまだ足りない」と思って、ますますお腹やお尻を締めてしまう傾向があります。しかし、足りないのではなく、何かが多すぎる場合や、タイミングがよくない場合もあります。“過ぎたるはなお及ばざるがごとし”。多すぎてもからだは思うように働いてくれないので、うまく歌えないのです。

“声を出しやすくなった”という変化からわかるのは、下半身を「締めすぎて」いて、ソマ全体が窮屈になっていたのが、「締めなくていい」「ささえようとしなくていい」と思うことで、「ちょうど“いい加減”になった」ということでしょう。横隔膜と骨盤底筋群もより動きやすくなり、適切に“ささえ”が働いたのでしょう。

また、胸が硬くなっていたことにも、気づいたのではないでしょうか？ 声が詰まっていた原因のひとつは、「胸が硬かった」「胸が閉じていた」ために、喉頭に不必要な圧力がかかっていたことでしょう。

胸は「ただ張る・拡げる」だけでなく、「ゆるめる」ことも大切です。ゆるむので、動きます。ゆるむので、強くつかえます。ゆるむので、しなやかな動きが生まれます。ゆるむので、連動します。木下武久氏は「“ゆるみ”で“ささえ”て」と表現していました。

## ソマはわずかなことで 働きはじめます

ソマには、自分で強く意識しなくても、自身でバランスを取りながら歌う力があります。もちろん、曲のことがわかっていることが前提です。歌う時には「ささえ」も筋肉も必要ですが、どこかを強制的につかう

ことからは何も始まりません。本来あるソマ全体の歌うバランスを崩すことから始めてはいけません。たとえ、自分の満足がいかない小さな声でも、音域が狭くても、それは"自分ができない"のではなく、それは"自分ができること"なのです。そして、そこが出発点です。

そこから訓練し、育てましょう。自分でないものを外から付け加えることはできません。あせらず、自分の状態を受け入れて少しずつトレーニングするほうが、本当に歌えるようになります。

## 半年間での大きな変化

半年間で声がどのくらい変化したのか、下記の動画でご覧いただけます。

そして、次のような変化が彼には起こりました。
・喉が痛くなくなりました。
・練習が長くできるようになりました。
・声がラクに出るようになったので、「声をちゃんと出さなければ」という精神的プレッシャーのようなものが減りました。
・ささえについてはまだよくわかっていませんが、息が続くようになってきました。

＊1 木下武久（1925−1990） F.フースラーから発声法を学び、それを発展させた、日本を代表する発声指導者のひとり。

**うまくいかない時は、実はよくなるチャンスです。
よいと思ってやっていることの中に、
何か間違いがあるかもしれません。**

**自分が何をしているのか、観察しましょう。
ソマの感覚を無視して、自分がよいと思ったことを
強いるのではなく、自分の"いい加減"で音楽しましょう！
それは、あなたにしかわからない"いい加減"なのです。**

*41*

# Case04　実践編1 やりすぎていませんか？

## 声がかすれます

> "・「軟口蓋をあげる」「お腹をつかう」「響きで歌う」を20年以上やってきましたが、よくわかりません。うまくできてないと思います。"
>
> 主婦・55歳・合唱ソプラノ

**PROFILE**
合唱は大学からで、混声合唱団のアルトや女声合唱団でメゾパートを歌い、合唱コンクールや委嘱作品のCD録音、大ホールでのコンサートなども経験。7年ほどのブランクの後、子どもの幼稚園のサークルから発展した40名ほどの女声合唱団でメゾパートを歌い、16年目になる。一方、8年前から、「第九」やレクイエムなどの大合唱で、ソプラノパートを歌っている。

### ＼ Hiroko's 気づき ／

結果的に、「よい響きがある」「上にある」かもしれませんが、それができるためには、「もっと下に感じてもいい」「下をつかってもいい」のではないでしょうか？

---

### 受講理由

　ボディ・マッピングの講座の時に、川井先生から「声がかすれているけど、なぜですか？」と質問されて、「声がかすれている」ことを初めて自覚しました。

　「声がかすれはじめたのがいつからか、よくわからない」というのが、正直なところです。学生時代はそうではなかったと思いますので、15年ほど前からでしょうか。改めて13年前の録音を聴いてみたら、すでにハスキーな感じでした。しかし、「合唱にはソフトな声というか、あまり主張がないこういう声がよい」と思っていたところがあります。

　川井先生のレッスンを受講する以前に「気をつけていた」のは、以下の5つです。

「喉をあける」
「軟口蓋をあげる」
「口角をあげる」
「お腹をつかう」
「響きで歌う」

　一番気をつけていたのは「軟口蓋をあげる」と「お腹をつかう」です。そして、とにかく「響かせよう」と思っていました。「鼻腔へ」という意識が強かったですね。
　そう思えば思うほど、からだはガチガチに固まって、ただ疲れるなと思っていましたが、そう指導されるのでそのまま歌っていました。さらに、「笑顔で」「お尻を締めて」といった指導を受けてきました。…ですので、25年ほど前から、ず〜っとこれらのことをやりながら歌っています。

### 今までのレッスン

**ひとりで歌うことが楽しくなりました**

　月に1回のグループレッスンを受講して、2年半が経ちます。以前は、合唱の練習後にいつも肩がガチガチに固まったりしていましたが、今は、そうしたからだの疲れがとても少なくなりました。声の疲れもあまり感じない時もあります。今までは、声はいつも嗄れていましたし、「声をつかって合唱をするのだから、そういうものだ」と思っていました。
　それに、今は、ひとりで歌うことが楽しくなりました。独唱の世界を知らなかったこともありますが、これはまったく新しい感覚です。

## LESSON

**レッスン曲目**
Ah, mio cor 私の心である人よ
（G.F.Händel：歌劇「アルチーナ」より）

### "よい響き"を追わないで
### "よい響き"にするには

　いつも「響きを、頭の上、前方に出そう」というところばかりに、意識が向かっていませんか？ もし、「上のことばかり気になって苦しい」という人がいるのなら、次のような言葉掛けが有効かもしれません。

　口はどこにありますか？ 振動する声帯はどこにありますか？

　声帯は喉頭の中にあります。それは首の前です。声帯を振動させるための空気は、肺に入っています。肺の底には横隔膜という筋肉があります。横隔膜という筋肉は、背中側で大腰筋や腰方形筋などと交わっています。大腰筋は股関節まで達する縦に長い筋肉です（▶本書 第8章1 P128）。股関節はどこですか？

　ですから、「どのように立つか」が呼吸に影響を与えます。足の裏のどこに体重がかかっていますか？

　そして、あなたは、今、どこまで声を届けたいですか？ 周りの空間に気づきましょう。

　合唱指導者の方は、団員の動きをよく見ながら、プロセスを指摘できるようになりましょう。"よい響き"は結果です。原因を見極め、聴こえてくる声だけではなく、歌うソマの状態や動きが想像できるように、からだのことを学びましょう。歌う人の表情やからだの動きを見ながら、何が起こっているのかを聴き分け、見分ける力を養いましょう。

　声でコントロールするのではなく、「歌うソマからのアプローチで歌声がよい方向に変化すること」を、次の動画でわかっていただけるでしょう。

## 何をしているのか見直しましょう。

43

# Case05

実践編1
やりすぎていませんか？

## うまく伝わりません

> ・前回のレッスンで受けた「顎が動くのといっしょに胸も動く（動いてもいい）」という指導を思い出したことで、ライブでもうまく歌えました。歌っていて楽しかったです。
> ・もう少し歌詞がよく聞こえるように歌いたい、と思っています。
>
> ジャズ歌手・46歳

**PROFILE**
平日は会社員、休日はサルサ・ラテン・ポップスのヴォーカリストとしてライブ活動をしている。幼少時からとにかく歌が好きで、姉といつもハモっていた。大学在学中よりCMソングの録音をはじめ、ヴォーカリストとして活動を開始した。

### ＼ Hiroko's 気づき ／

バンド仲間やお客さんに、いつも何かを伝えようとしすぎではないのでしょうか？　そうすることで動きがわざとらしく大きくなってしまい、かえって相手に伝わらないのではないでしょうか？

### 受講理由

　5年ほど男の先生にレッスンを受け、パワーのある歌いかたはできるようになりましたが、喉へ負荷がかかるのが気になりはじめました。そんな中、アレクサンダー・テクニークに興味を持ち、川井先生の本を読みました。

　もっとも印象的だったのは、「これらの注意をすることで、上手に歌えるようになる人はたくさんいますが、これらの言葉によって弊害を起こしている人もまた多いのです」の箇所。わずかなことながら、長い間積み重なっていた疑問が肯定されたように感じました。そこで、実際に講座に参加しました。すると爆笑の連続で、ひとりでもんもんと悩む日々から、わっと仲間が増えた気がしてうれしくなりました。月1回の個人レッスンを受講して、間もなく1年半が経ちます。

## LESSON

レッスン曲目
歩き続けよう（古内東子作詞・作曲）

## 音楽が伝わる時

　自分の音楽を周りにいる人（バンド仲間や聴いてくれる人）にわかってもらおうとするのではなく、"自分で"音楽を楽しみましょう！　すると、相手にもあなたの音楽が伝わります。

　例えばテンポを、例えば歌詞を、誰かにきちんと伝えようとすると、たいてい歌っているほうはからだの振りが大きくなります。しかも、ある部分の動きが表面的に大きくなり、ソマ全体のバランスを崩してしまうことがよくあります。これでは自分が感じていることは、相手には伝わりにくくなってしまいます。気遣いが、ここでは裏目に出てしまいます。

　アレクサンダー・テクニークに、「抑制」という考えがあります。これは「無意識的に反応として起こる自分の癖に気づいて、それを意識的に"抑制する"ことで、本来の正しい動きを呼び戻す」という方法です。ここでは、相手に伝えようとして身振りを大きくするのではなく、"伝えようとして大きくなる身振り"を「抑制」して、「自分で音楽する」ことです。

　「伝えたい音楽を自分で確実にする、楽しむこと」で、周りにも自然に伝わっていくのではないでしょうか？　相手がプロのバンド・ミュージシャンであったり、口うるさいお客さまであればなおさら、感度に優れているでしょうから。きっと、想像以上にいいことが起こるでしょう。

　音楽すること、ステージで演奏することには、日常にはない"孤独感"が伴うでしょう。しかし、だからこそ勇気を持って、自分で音楽するのです！　そこでは大きな喜びがあなたを待っていることでしょう。

**相手に合わせすぎないで
自分で音楽しましょう！**

# Case 06

実践編1
やりすぎていませんか？

## 声が詰まります。テンポが遅れます

> ・歌っていると、とにかく「声が詰まって」きます。
> ・合唱団では、「顎はやわらかく。下顎を下げてはいけません。上顎をあげて歌いましょう。そうしないと喉の奥が開かないので、ピッチが下がります」と、いつも指導を受けています。しかし、そうしようとすると、からだのいろいろなところに力が入るのがわかります。
> ・「テンポに乗り遅れないように」という注意をよく受けます。
>
> 元公務員・73歳・合唱ソプラノ

**PROFILE**
合唱歴60年。

### ＼ Hiroko's 気づき ／

＊歌っている途中で判断しすぎているようです。
＊「歌う時にこうしなければいけない」と指示されたことによって、ソマに混乱が起こっているようです。
＊拍を数えることに必死で、皮肉なことに「音楽する」ことができなくなっているようです。

### 受講理由

家庭裁判所の調査官として60歳までフルタイムで忙しい日々を送りながらも、ほぼ60年間、ずっと合唱団で歌っています。合唱は私の生活に、潤いと大きな意味をもたらしました。一方で40歳の時、「このままでは声が出なくなるのではないか」と感じ、ある先生の個人レッスンに通いはじめ、20年間、継続しました。しかし、根本的な問題は一向に解決されませんでした。そんな時、川井先生の演奏会を聴きに行く機会に恵まれ、のびやかな発声が気持ちよく、私もそのように歌いたいと思い、レッスンをお願いすることにしました。

### 今までのレッスン

**肩こりも軽減し、声がラクに出るようになりました**

月1回の個人レッスンをお願いして、7年目に入りました。声が随分、ラクに出るようになり、からだのいろいろなことにも気づくようになったと思います。

歌うために体操することで、日常的な肩こりも軽減しました。合唱で歌った後は話し声がまったく出なくなることもありましたが、それも減っています。

3年前から少し難しい曲を歌う新しい合唱団にも所属し、現在、2つの合唱団の団員として、歌うことにますます希望を持ちはじめたところです。

**今まで注意されたことを自分にわかるように整理しましょう。**

## LESSON

レッスン曲目

A.Scarlatti：Se Florindo è fedele
（詩 / D.F.Contini）フロリンドが誠実なら

### 顎についての注意は

あなたが受けた歌う時の言葉掛け「顎はやわらかく。下顎を下げてはいけません」は、以下のように解釈すればわかりやすいでしょう。

下顎は骨で（だから硬いです）
顎関節で顎の動きは起こります

下顎は下にさがったり上にあがったりしますが、その動きは繊細にコントロールできます。動きが大きい時も、小さい時もあるでしょう。

「上顎をあげて」は「頬をあげて」「軟口蓋をあげて」「笑って」と同じ意味でしょう。実際の動きというより、感覚的なイメージの言葉です（▶本書 第8章 P134〜136）。

### 「喉の奥をあける」とピッチは

「そうしないと喉の奥が開かないので、ピッチが下がります」→ ピッチが下がることは、"喉の奥"の状態とはあまり関係がありません。首や喉の周辺が硬いこと、息が十分に声帯のある空間に送られていないことなど、他の多くの理由が考えられます。

喉頭と口の中に関してピッチに関係あることといえば、次の二つです。①首全体、喉周辺の筋肉が柔軟でない場合、音程変化のための喉頭での微細で自在な動きができず、

また当然、声帯の振動が妨げられることになり、音が下がるでしょう。②口を大きくあけすぎることで、喉の奥、特に舌根に力が入り、あるいは舌を無理やり下に押し付けることになり、喉頭の動き・声帯の振動を妨げる可能性のほうが多いでしょう。

### テンポが遅れる時は
### "遅れないように気をつけない"で

「テンポが遅れる」のは、息を継ぐことばかりを気にして、"音楽していない"からでしょう。音楽には、拍だけではなく、メロディも和音もあります。表現が、感情の流れが、あります。それに、かなり先まで"予感"できていないとソマは準備できないので、歌えません。深刻に、切り刻んで考えないで、まずはどんどん歌っていくのがいいと思います。それが"音楽を先まで予感する"ことにつながるでしょう。

一方で、もしテンポに遅れることがあれば、その原因をきちんとつきとめましょう。用心して拍を数えすぎるために、かえってテンポが遅くなるのではないでしょうか？「遅れないように気をつける」のではなく、"遅れないように気をつけないで"、少しだけゆったりしたテンポから練習するとよいでしょう。これが歌の練習です。

（次ページへつづく）

## Case06

実践編1
やりすぎていませんか？

## 今後の練習方法

うまく歌えなくなっている原因のひとつに、「注意された『言葉』を自分でどのように理解するか」ということがあるでしょう。「イメージ」の言葉は実体がないので、それがかえって混乱を起こすこともあります。

その言葉からヒントがつかめるのなら意味はありますが、よくわからなければ、その言葉はあなたにとっては意味がありません。意味がよくわからないものをつかうと、ソマは混乱するだけです。そうイメージしないか、あるいはあなたにとって意味のある言葉に置き換えましょう。

声が詰まったり、からだが固まったりするのなら、その言葉はあなたを混乱させていることになります。大切なのは「あなたが歌うこと」であって、指導者の言う通りにすることではありません。あなたが歌えるようになれば、指導者は「私の言うことがやっとわかったのね」、と満足することでしょう。

## レッスンの感想

レッスンを受け始めた当初、川井先生は「今日はもう家で歌わないように。ゆっくりして早く寝てください。たぶん熟睡できますよ」とおっしゃいました。他の先生の場合は、逆に「家でしっかりおさらいするように」という指導でしたから、川井先生の「今日は家では歌わないで」という指示には、とても驚きました。

レッスン後は、からだのこりがとれ、快適な状態になります。ある時は、風邪気味だった喉や鼻が、次の日にはすっかりよくなっていて驚いたこともあります。それま

での他の先生のレッスン後は、たとえレッスンでよい声が出たとしても、からだはこわばってくることがよくありました。そして、そのようにからだが硬くなることを、「よくからだをつかって歌った」と、勘違いしていた自分がいました。「からだをつかって歌う」とは、「つかって歌っていない」感じがすることなのだと、最近、理解できるようになってきました。すると、「からだをどうつかって歌ったらいいのか」、わかりはじめたから不思議です。

---

*1　からだが不必要に緊張していた人は、からだがつかえるようになると、その不必要な緊張が少なくなるので、まずは単に「ラクだ」とか、「からだをつかって歌っていない」感じがします。継続して練習していると、今度は本当に「どのようにからだをつかっているのか」、つまりソマのことがわかるようになります。

---

## Hiroko's ジレンマ

合唱人への指導の難しさは、普段の練習で「個人の歌う感覚が重要視されていない」ため、自分のソマへの気づきを無視することに慣れていることです。

合唱をするには、よくハモる、響きのある声が大切ですが、それは、一人ひとりの「歌うソマの感覚」から生まれます。一人ひとりが音楽することで、指揮者にも合わせることができるし、皆といっしょに豊かなハーモニーの合唱ができるのです。

つまり、合唱は、ひとりで歌えないから、多くの人といっしょに歌うのではなく、ひとりで歌える人が集まって、ハーモニーを楽しむのだということを、事あるごとに認識しましょう。特に日本人は、"集団"ということで、合唱を安易に考えすぎているように思えます。

# 第3章

## 歌うソマへのレッスン
# 実践編2
# 思いこんでいませんか？

"正しい"と思ってやってきたことの中に、"表面的な注意"で実は役に立たないもの、次のステップに進むために、今はもう必要のないものがあるようです。あなたに、今、必要なことは何でしょうか？

# Case07

実践編2
思い込んでいませんか？

## 声が遠くまで届きません

> "練習中、一度、違うところに入ってしまうと、しばらくそこから抜けられないことに困っています。"
>
> 声楽家・46歳・ソプラノ

**PROFILE**
小学2年生から少年少女合唱団で歌いはじめ、その後、高校から声楽を学び、教育系大学院声楽専攻修了。オペラを研修し、演奏活動をしながら高校講師、合唱指揮者・指導者として多忙な毎日。6年前にボディ・マッピング講座を受講。以来、月1回の個人レッスンを継続中。

### \ Hiroko's 気づき /

指導者ということもあって、知識も経験も豊富な方です。しかし、それがかえってソマを窮屈にしていることがあるように思えます。

### 今までのレッスン

**「やめる」ことで、うれしい変化が起こり続けています**

「私は学生の頃から、『からだのさまざまな器官が、声を出すことにどのように影響しているのか』を知りたいと思っていました。それを初めて教えてくれたのが川井先生でした。そして、「それらを意識してつかおうとしなくていい」「からだが自然に動いてくれるから…」と教えてくれたのも川井先生でした。

私の場合は、歌う時にからだをつかおうとする意識が強く、そのことが逆にからだを固めてしまっていたのです。先生に教えていただいてからは、「よい声を出そう」「高音をきれいに出そう」というプレッシャーが減って、自分を信じて、からだの自然な動きにまかせることが増えてきました。そして、私の歌を聴いてくれた方からも「よくなったね」「声がよく出るようになったね」と言われるようになりました。"以前よりも気をつけずに、ラクに歌っている"のに…です！

ところが、自分が指導する立場の時に困ってしまいました。

「喉の奥をあけようとしていませんか？　やめてみましょう」「鼻に響かせようとしていませんか？　自然に響きますから、放っておきましょう」という感じです。発声のことより、教わった体操をやってみる、顔の筋肉を触ってみる、脚を触ってみる…などの指示が増えました。

それによって、合唱団の声は明るくなりました。音程もより正確で、声も抜ける感じがするようになり、「言葉がよくわかる」、という感想もいただくようになりました。

### よく届く声は、自分から離れていきます。自分の耳にはあまり聴こえません！

## LESSON

レッスン曲目
Amazing Grace（賛美歌、詩/J.Newton）

### 鼻から息を吸う？

Hiroko（H）：どんなことに気をつけて歌っていますか？

Student：「響きが落ちてくるので、鼻から吸ってごらん？」という注意を受けたことがあります。今はほとんど無意識にですが、それが習慣となっている気がします。

H：ここには、明らかな疑問がふたつあります。

　ひとつは、「響き」と「鼻から息を吸うこと」に本当に因果関係があるのかどうかということ。あるのなら、どのように？

　二つ目は、「響きを落とさないようにしよう」と思って鼻から息を吸っているために、"その動作が大きくなっている"ということです。息を吸う動作が外に見えるように大げさすぎると、実際のからだは、鼻から首にかけて硬くなります。

　さらに、首には横隔神経が通っているので、ここが硬くなると横隔膜の動きが制限され、息が十分に入りません。"吸う"という意識ではなく、"胃をストンと落とす"と考えてみてはどうでしょう？ もし、この言葉で、呼吸のことが効率よくいくようなら、これでやってみてください。

　次のステップに行くために、気をつけなくてもいいことも出てきます。

### 表現は口だけではなく

　"口だけで歌いすぎ"だと思います。曲がだんだん盛り上がってきた時、"口の動きを多くすることで、それを表現しようとしている"ように見えます。「響きを口の中でつくらない」、「口の中に声を留めない」でください。顎はどこから動くのか、思い出しましょう。[*1]

### 聴きすぎ注意

　聴きすぎです。声は外に出ていきます。離れていきます。よく飛んでいる声は、思っているほど自分には聞こえません。[*2]

　口の中にだけ響いている、いわゆる"近鳴りの声"のほうが、自分の耳にはよく聞こえるのです。安心しようとして、そうなるのだと思います。最初は不安かもしれませんが、声が離れる感覚をつかみましょう。つまり、「うまく歌えているのかどうか」を確かめないで、歌いましょう。もっと楽しんでください。

　そして、もう少し練習時間を増やすこともお勧めします。

[*1]「うまく歌える『からだ』のつかいかた」P46 ▶本書 第8章5 P134
[*2]「うまく歌える『からだ』のつかいかた」P112

# Case 08

実践編2
思い込んでいませんか？

## 喉があがって声が詰まります

> ・クレッシェンドで気持ちを込めようとすると、喉があがってきて、スムーズに歌えなくなってしまいます。
>
> 声楽家・43歳・テノール

**PROFILE**
音楽大学大学院声楽科卒、短大講師。フランス歌曲を中心に研鑽を重ね、演奏活動を行っている。合唱指導では指揮者、時に伴奏者としても活動。

### ＼ Hiroko's 気づき ／

歌う曲そのものが、あなたの声を助け、音楽表現ができる時期に来ています。曲を深く理解するといいでしょう。

## 楽曲について十分わかっていますか？

### 今までのレッスン

**声帯ポリープが自然消滅しました**

声帯ポリープができたので、発声を見直そうと川井先生のボディ・マッピング講座に参加しました。それをきっかけに、個人レッスンを受講して6年が経過します。声帯ポリープは、その間に自然消滅しました。

レッスンを受けるたびに、「声が詰まったり、喉が締まりすぎて、歌いにくかった箇所が、ラクに歌えるようになる」ことにびっくりしました。6年経った今でも、レッスンを受けるとさらにスムーズに歌えるようになります……。「いったい6年前はどれほど歌いづらい状態だったんだろう……!?」と、つくづく思います。まったく自覚はありませんが、演奏会の度に「声が大きくなった」「中音域も充実している」という評価を受けます。私の変化に驚く聴衆の方が増えています。自分としては、「随分ラクに歌えるようになった」ということを一番感じているのに、です。歌うことに随分、自信がついたと思います。そしてそのことで、日常生活も落ち着いてきたように思います。

川井先生のレッスンに出会う前は、「喉とお腹・姿勢など、からだのパーツのつかいかたさえなんとかすれば、発声はすぐよくなる」と安易に考えていました。しかし、レッスンを受けたことで、「脚からからだ全体へのつながりも必要で、特定のパーツだけを意識するものではないこと、しかも言葉の発音が不明瞭になるのではなく」、それ以前に「発音、特に子音をゆるめるだけでも、格段に声が出やすくなること」、そして、「曲への理解、解釈も発声に影響を与えていること」など…、とにかく"発声というのは、そんなに単純なものでない"ことを大いに学ばせていただきました。

自分が歌う時は、それらをいちいち考えながら歌うのではなく、「そうした要素を自然につかえるようにできる」というのですから、歌の勉強は本当に奥が深いです。

＊彼の声帯ポリープが改善されていく過程は、「うまく歌える『からだ』のつかいかた」（P100）に詳しく書きました。彼への声楽レッスンの目的は、ポリープを改善させる特殊なレッスンではなく、通常の歌のレッスンでした。発声練習を取り入れることもありましたが、不必要なポリープは、歌うことで声帯の振動がよくなり、健康な振動が起こったことで声帯内部に吸収され消滅したといえます。もちろん、これができたのは、手術や薬ではなく、歌いながら治せるというお考えの音声専門医の的確な診断とサポートがあってのことでした。

## LESSON

**レッスン曲目**

中田喜直：木菟（みみずく）（詩/三好達治）

## クレッシェンドの意味を知りましょう

楽譜に書いてあるクレッシェンドは、ただ声をだんだん強くするという意味でしょうか？　あなたが試みていることは、声を聴きながら、その声を大きくしようとしているのではないでしょうか？　だから、声が詰まってしまいます。なぜなら、声は結果なので、すでにある結果をつかって変化させたり、効果を生み出すことはできないからです。曲が盛り上がり、クレッシェンドになる時は、「声でクレッシェンドしない」ようにしましょう。

木兎が鳴いてゐる
（中略）
お前の歌を聴くために
私は都にかへってきたのか……
さうだ
私はいま私の心にさう答へる

十年の月日がたった
その間に　私は何をしてきたか
私のしてきたことといへば
さて何だらう……
一つ一つ　私は希望をうしなった
ただそれだけ

音楽表現を、声ではなく、息で、ソマでコントロールしましょう。<mark>音楽の芸術的緊張は、あなた自身のソマから生まれます。</mark>そ

の結果、声は楽譜に指示がある通り、クレッシェンドになります。

さらに、声が詰まる、喉にかかってしまう、もうひとつの原因として、楽曲の解釈（音楽と詩の解釈の両方）が十分にできていないことがあげられます。ただ楽譜通りクレッシェンドしているだけで、"なぜ作曲家がそこで音楽を強くするように指示しているのか"、理解できていますか？　音楽はどのように進行しているのでしょうか？　その時、感情はどのように高まっているでしょうか？

それらが明確になると、ソマはそれに反応して働いてくれる準備ができたことになるでしょう。　ここには、"歌う技術"というものが入りこむ隙間も、「表現しようと思うと硬くなるからだ」もありません。今、ここにあるのは音楽であり、歌うあなたのソマなのです。歌いましょう！　歌えます！

---

### COLUMN

**クレッシェンド crescendo とは？**

「音をだんだん強くする」と思っていらっしゃる方が多いと思いますが、元々の動詞の"crescere"は「成長する、背丈が伸びる、（草木が）生える、伸びる」という意味です。

さらにこの動詞は、ラテン語の"creare"（創造する）から生まれていて、クレッシェンドは「創造したものが育っていく」「だんだん育つ」というのが本来の意味だとか。

では、クレッシェンドする時、あなたは「作曲家がそこで何を創造し、どのように成長させてほしいと思っているのか」を解釈し、あなたなりにイメージできていますか？　もしそれがないのに、ただ声をだんだん大きくしているのならば、それはただ声を押すことになります。なぜならば、ソマは賢いからこそ、逆に、きちんとした意味がないものには反応しないので、声の大きさは成長できず、クレッシェンドにはならないのです。

# Case09

実践編2
思いこんでいませんか?

## 歌う時、首や肩に力が入ります

" ・歌う時に、首や肩に力が入ってしまっています。「肩や首筋のこりがひどいのは、歌いかたのせいもあるのかなあ」と思っています。
・中音から低音域の声がよく響きません。
・息を吸う時に音が出てしまいます。

教員・44歳 ソプラノ "

**PROFILE**
教育系大学ピアノ専攻卒。教員になって22年。中学校で5年、その後小学校に勤務して17年目。

### \ Hiroko's 気づき /

息を吸う時の癖、呼吸に関する勘違いがあるようです。「意識して息を吸うこと」で首が縮み、それが肩こりの原因になっているのではないでしょうか?

### 受講理由

　中学校教師としての仕事に難しさを感じ、出産で漫然と退職を考えていた時に、小学校専科に異動しました。小学校ではより音楽の根本部分から伝えられることに魅力を感じており、「丁寧に指導すると、子どもたちは高度なこともできる」と、最近は特に実感しています。

　育児休暇中に自分の子どもと始めたリトミックで、からだで音楽を感じる心地よさを知り、それが低学年の指導や歌唱指導にも役立っていると思います。学んだことは子どもたちにも伝わるので、自身が学ぶことが大切だと日々思っています。

　慢性的な肩こりに悩まされながら、より効率のよい指導法はないかと模索する中で、川井先生の講座について知り、グループレッスンも2回、個人レッスンも1回受講しました。

　仕事柄、声をつかいすぎてしまい、週末が近づくにつれて声がかすれることを改善しながら、よりよい指導法を学びたいと思っています。

## LESSON

レッスン曲目
いっしょけんめい（同声合唱曲）
（新川和江作詞、三宅悠太作曲）

### 歌う呼吸の不思議〜息は入ってきます

　歌う時に「呼吸が大切」なことは、誰もが知っています。息がないと声にはならないし、声は息から生まれます。
　呼吸はコントロールするものと思いがちですが、コントロールしてはいけないこともあります。

　「息を合わせて歌いましょう」とよく言われますが、「吐く息も吸う息も、誰かに合わせよう」、「コントロールしなければいけない」と思うと、各自がそもそも持っている、呼吸するソマのタイミングが狂ってきて、首を中心に上半身の筋肉が固まりはじめます。こうなると、「お腹をつかう」や「歌うささえ」の感覚はまったくわかりません。なぜなら、「歌うささえ」の感覚は、首や上半身がやわらかなことが前提で起こる動きだからです。
　できた時にはその状態のことを「息が合っている」と表現しますが、「息を合わせよう」とすると窮屈になり、思うようにからだは動かなくなってしまいます。
　子どもたちは教師の合図を見ていっせいに歌い出すのであって、吸う息を合わせる合図をする必要はありません。合わせるのは、音楽です。その音楽のメロディとリズムなどを、脳でわかっておくとい

（次ページへつづく）

**コントロールしてはいけない「呼吸」があります。**

第3章　実践編2　思いこんでいませんか？

55

# Case09

実践編2
思いこんでいませんか？

うことです。

そもそも"吸う息"というものがあるのではなく、"息は入ってくる"が基本です。「息は吐くから、入ってくる」のです。「足りないからしっかり吸う」は、ソマの観点からするとまったくの間違いです。ソマにとって間違いの動きを強要しているために、当然、ソマは、特に首の後ろは締まってきて、あなたは苦しいと感じるのです。

## 歌う時の呼吸について気をつけること

では、歌う時の呼吸について、どんなことに気をつけ、どんなことに気をつけないのがいいのでしょう？ どんな練習をすればいいのでしょう？

発声練習
（→「うまく歌える『からだ』のつかいかた」P109）

息を吐くことに意識を向けてみましょう。息を吐き、からだ（胸や背中）をゆるめると、自然に息が入ってきますか？「息が入ってくる時に、わずかでも肩があがったり、首の後ろが縮まるように感じる」人は、その動きが起こらないように気をつけながら、簡単な音型で声を出してみましょう。このように「癖をなくすための繊細な練習」は、後になって、大きな力を私たちに与えてくれます。

「息を吸ってささえて（あるいは構えて）、それから声を出す」のではなく、「肩や首に無駄な力が入らないことだけに気をつけながら」声を出します。そして「声を止める（＝息を吐くのをやめる）」と同時に、「背中や胸、首の後ろをゆるめます」。すると、息は自然に入ってきます。今、ここでは、大げさな「ささえる」という感覚はありません。なぜなら、あなたは短い音型で、バランスしたソマの中で練習しているからです。

## 「しっかり歌えている」の勘違い

よい声が出ているのに、歌っている本人は、いつもより首や肩に力が入っていないぶんラクなので、「こんなに何もない感じで、声は出ているのだろうか？」と疑問を抱いているのが、動画からわかります。

"抵抗感がある状態"を、「しっかり歌えている」、あるいは「ささえをしっかりさせて歌えている」と、勘違いしている人が多くいます。もしソマが窮屈で苦しい状態であるなら、それは「ささえ」でも「しっかり歌えている」のでもなく、単にからだを締めていることになります。

　歌う時に息が足りないと、「どのようにしっかり吸ったらいいのか」と考えがちですが、ソマはそのような仕組みになっていません。息が足りないのなら、なおさら「どのように息を吐くか」に注目することが大切です。そして、「その息がどのように声に変換されるのか」は私たちの意識が及ぶところではなく、あとは賢いソマが意識下でやってくれます。

　合唱を指揮する時に、「息を合わせよう」という指示を出してはいけません。うまくいっていればいっているほど、日本語ではそれを「息が合う」「息がぴったり」と表現します。しかし、実際は「音楽の感じかた（意識）が合っている」のであって、それが、結果的に「息が合っているように聴こえる」のです。

## COLUMN

### 一生懸命歌わない？！

　"首とからだ全体の関係"を発見したのは、F.M.アレクサンダー（1869-1955）です。首が硬くなると、からだ全体のバランスが崩れることがわかっています。

　ですから、一生懸命歌おうとして、「首の後ろが硬くなる」と気づいたのなら、それをやめましょう。

　では、どのように？

　ひとまず、「あんまり一生懸命歌わない」「あんまり一生懸命…しない」のはどうでしょうか？ 本当にその歌を理解しているならば、"一生懸命"になる必要はないでしょう。

　本当は何かがわかっていないから、"一生懸命に歌おう"としているのではないでしょうか？ 本当にわかっているのなら、"歌おう"とするのではなく、"適量で""そのままわかっていることを歌えば"いいのです。

**声の調子が悪いのなら、
何かを多くやりすぎているのかもしれません。
よいと思ってやっていることの中に、
逆に、あなたのバランスを崩す
原因があるのかもしれません。**

# Case 10

実践編2
思いこんでいませんか？

## "響きのある声"のみを追ってきました

> ・レッスンでは「声がすっきりといい状態になった」と自覚できますが、ひとりになるとその状態に持っていくことができません。「いつでも、どこでも、その状態で歌えるようになりたい」です。
>
> 合唱指導者・65歳・メゾソプラノ

**PROFILE**
音大ピアノ科を卒業。女声合唱団と少年少女合唱団の指揮者として活動を始めて20年。同時に、女声合唱団と宗教曲を歌う混声アンサンブルで10年以上歌った。友人の紹介で川井先生の個人レッスンを毎月受講して、10年が経つ。

### ＼ Hiroko's 気づき ／

＊毎回少しずつよくなっていますが、まだ「"響き"という煙のようなもの」に巻かれているように聞こえます。きれいで柔らかい声は出ても、音楽が進まないようです。
＊声を後ろにまわしすぎていませんか？
＊どこで、どのように、声をコントロールしていますか？ 耳だけで聴いて、コントロールしていませんか？ その時、からだの気づきはどうなっていますか？

---

### 今までのレッスン

**子どもたちを、歌って指導できるようになりました**

　発声やからだに関するいろいろなことがわかってくる過程で、自分の声にも直接的に多くのことが起こり、合唱指導時には子どもたちの前で直接、歌って指導できるようになりました。もっともうれしかったのは、コンサートで、子どもたちの前で、イタリア歌曲をひとりで歌えるようになったことです。

　一方で、「指揮者の指示通りに歌うこと」、「合唱の自分のパート内でまとまることばかりを考えていた」せいか、ひとりで歌う時も主体的にフレーズを歌うことが難しいです。そして、それが息が長く続かないことに関係があるということを自覚しはじめました。

　「響きのある声を」といつも思い、響きのみを追ってきました。声の響きを気にするあまり、からだの感覚が薄く、「上だけで」「浮いて」しまいます。

## LESSON

レッスン曲目

V.Bellini：Almen se non poss'io
もしも私にできないのなら

### よい響きの思い込み

　よい響きが生まれるには、何が必要でしょうか？ 結果としての「声の響き」に注意を向けて歌うのではなく、それが生まれるプロセスに注意を向けましょう。

　では、「歌う人が注意を向けたらよいプロセス」とは何でしょうか？
　それは、「まるごとのソマ」と「呼吸」です。

　今「よくない」と思われるのは、出た声と「呼吸やソマの動き」が分断されていることです。さらに、"首から上だけの奇妙な癖のある動き"を伴っていることで、喉頭が少し上にあがり、声帯が十分に振動していないことです。そのため、音楽本来の緩急が生まれず、あなたの息づかいや音楽が聞こえてきません。音楽を感じているのに、「癖のある動きに邪魔されて出てこない」のは残念なことです。

（次ページへつづく）

**ささえとつながらなくなっていませんか？
プロセスに注意を向けましょう！**

# Case10

実践編 2
思いこんでいませんか？

　やみくもに「声を後ろにまわす」「口の中を広くする」「上をあけようとする」のは、やめましょう。そこで起こっているのは、響きのあるよい声だという単なる思い込みと、口の中や表情筋の不必要な緊張です。

　歌う時、あなたの脚はありますか？ お腹周りの筋肉はどうなっていますか？ 背中はどうですか？「からだ全体が声とつながっている」という感覚はありますか？ 声をコントロールできるのはソマです。耳だけではありません。

　言葉は"しゃべる感覚"で歌いましょう。"しゃべる声"をつかうのではなく、しゃべる時の顎の動きの感覚をつかいましょう、という意味です。歌いすぎないでください。「歌いすぎる」とは何を意味しているのか、動画をご覧いただければおわかりいただけるでしょう。

## 「歌う準備」とは？

　歌う準備は、"下腹を締めること"ではありません。それを準備だと思っている人は、いつも同じように下腹を締めてしまいます。しかし、当然その強さやタイミングは、表現や音の高さによって変化します。つまり、次に来る音楽を予感することが大切なのです。すると、からだはもっと深いところで、統合的に、あなたの知らないうちに、歌う準備の動きを始めます。それが「ささえ」の始まりです。私たちができるのは、ソマが必要に応じて動けるように、どのようにでも働けるニュートラルなバランスの位置にいることと、音楽をよく知っておくことです（▶本書 第9章6 P157）。

　「声が後ろに入りこもる」「上のこと・響きについて考えすぎ」「息が足りない」「高音がしっかり出ない」という悩みは、関連を持ちながら起こっています。ですから、==ひとつがよくなると、どれもがよくなります==。

　上記のような悩みを持って歌ってきた人は、一度、次のように思い、歌い出してみてください。もちろん、音楽がわかっていることが前提です。

●声は後ろにまわさず、そのままで大丈夫。
〜もし"硬い"のが気になるなら、ちょっとだけやわらかく。

●響きは下がってもいい。

〜歌った後のことは、私の知ったことではないわ。

●息が足りなくてもいい。

〜足りない時は吸えばいいわ。しかも苦しくないうちに、計画をもって。

●高音、ここは何が高まっているところかしら。

〜だから、のびのび出してみよう。

　「そんなことで歌えるわけがない」と思ったあなた、一度、試してみてください。

　もちろん、"響きがある声"がいいのです。音程が正確でなければいけないことは当然のことです。でも、歌う時にどう思っていたのかと結果は別のことなのです。あまり気にしないほうがうまくいったという経験は、あなたもお持ちではないでしょうか？　結果を気にするあまり、原因であるソマのプロセスを感知できないと、当然、結果は思ったようにはいきません。プロセスから結果は生まれます。

　しかし、もしあなたが、「声が硬い」「響きが平べったい」というタイプの方であるのなら、これらの注意だけではうまく歌えないかもしれません。両耳をひっぱったり[1]、繊細に柔らかく歌ったりなど、私がここで注意していることとは、まったく別の要素が必要となります。

　声のタイプや今まで気をつけて歌っていたことによって、これからよくなるための注意やトレーニング方法は異なります。たとえ、同じような悩みがあり、同じ傾向が起こっていたとしても、その悩みの原因が異なるからです。原因を見極めましょう。

*1　「うまく歌える『からだ』のつかいかた」P51

# Case 11

実践編 2
思いこんでいませんか？

## かろやかに
## 歌いたいのですが

" ・もう少しかろやかに歌えるように
なれるといいなと思っています。

声楽家・38歳・ソプラノ "

**PROFILE**
音大声楽科卒業後、パリに4年半留学。オペラでは、ムゼッタ、ミカエラ、ツェルリーナなど数多くの役を演じ、歌曲でもバロックから近現代まで幅広いレパートリーを持って演奏活動をしている。

### ＼ Hiroko's 気づき ／

「いつもしっかりしたよい声で歌おう」としすぎのように思われます。「不安定」に聴こえるままにしておくと、次なる可能性が生まれるかもしれません。

### 今までのレッスン

**長時間、歌えるようになってきました**

　個人レッスンを受講し始めて、ちょうど1年が経過します。その間、中音域の問題が多く解決しました。何より、30分以上歌うと、声がカサカサしていたのですが、今ではそれがなくなり、長時間歌えるようになってきました。

## LESSON

🔶 レッスン曲目

Je veux vivre　私は夢に生きたい
（Ch.Gounod：歌劇「ロミオとジュリエット」より）

### 音程はかろやかに変わります

　"音をずりあげて"はいけません。どんなにレガートでも、"音程は清潔に"変わります。押したり、ずりあげたりしてはいけません。喉頭周辺の筋肉をラクにして、「音がめくれる」イメージで、次の音に軽く移行できるように歌ってみましょう。もし、少しでも重くなったり、ずりあげたりすると、あなたの声はすぐに消耗してしまうでしょう。なぜならば、それはあなたの声に負担をかけることになるからです。

　高い音に移行する時、その高い音ではその前の低い音より、「声が少し後ろを通る、後ろに行く」感じがするかもしれません。でも、それは"わざとまわす"のとは異なります。よく注意の言葉掛けにあるように、"声を後ろにまわす"ようにすると、声は後ろに入りすぎ、こもってしまうことのほうが多いでしょう。なぜならば、「後ろに行ったような感じがする」というのも、結果であり、感覚的な言葉だからです。音が高くなれば、声の通り道のようなものが"少しだけ後ろになる"ことは知っておくとよいのですが、それを"直接的にしてはいけません"。

　"声が飛ばない""近鳴りがする"という人は、「"響きを放っておく"とよい」ことを知っておきましょう。ちゃんと響いているのか、歌っている最中に心配する必要はないのです。

　"声をコントロールしよう"としすぎていませんか？　脚が床とつながっている感覚、骨盤やお腹の安定感は、「声が遠くまで飛ぶ・拡がる」ことを助けます。勇気を持って、楽しんで歌ってください。大丈夫です！

　ところで、ジュリエットは何歳でしたか？　このアリアは、どんな場面で、何を、誰に向かって、歌っていますか？　ジュリエットの内面はどのように動いていますか？

*1　「音程を清潔に」
「清潔に」は、ドイツ語"sauber"という単語から来ています。"sauber"は「清潔な、きれいな、クリーンな、純粋な」という意味です。あなたなら、音程に対してどんな日本語をつかいたいですか？

### 下半身をしっかり、でも声は放っておきましょう！

# Dr.三枝のメディカル・コラム

## 音程のつくられ方

　高い声を出す時には声帯が前後にピンと張り、声帯幅が薄くなります。低い声を出す時にはピンと張っていた声帯が緩み、声帯幅も厚くなります。また同時に、音の高低に合わせて喉頭全体が上下に移動することも観察されます。

　声楽的発声とは別に、さらに高い音を出す場合には、顎を突き上げて喉頭を引き上げ、遂には首を後方へ反らせるようにまでなります。こうなると、声質はキンキンした硬い音色になります。逆に低い声を出す時には、顎を下げて喉頭を下方へ移動させ、遂には首を前方へ曲げて喉頭を胸に押しつけるようにまでなります。こうなると、声質は暗くこもった音色になります。つまり、弦楽器のように声帯が前後に緊張すること以外に、喉頭の上下運動が音の高さに影響を与えるのですが、この関係がある一定以上になると、音色にも影響が出てしまいます。このため、なるべく喉頭の中の声帯自身に働く変化によって、音の高さの調節が行えるようになるほうが効率的で、音色の乱れも少なくなります。

　上手な歌手を観察していると、喉頭の上下運動幅が少ないことがわかります。しかし、彼らの喉頭を触ってみると、決して喉頭が押えつけられているのではなく、むしろ上下左右に柔軟に動くことがわかります。これが歌唱時の"喉頭の構え"の目指すところでしょう。加えて、声帯に振動を与えるエネルギー源である肺からの呼気流も、音程に影響を与えます。一般に、声門下圧（声帯下面にかかる呼気流による圧力）が高まると、音程は上昇します。つまり、声を大きく響かせようと思って呼気流を強めると、声が上ずってしまうことになります。

　一方で、「声の大きさは、呼気流が2倍になるだけで3～4乗程度大きくなる」という現象もあります。つまり、呼気流を少し増やしただけで、十分な音量変化が得られるのです。このことから、歌唱中に"呼気の支え"が重要なことがわかります。

# 第4章

## 歌うソマへのレッスン
## 実践編3
## 無意識的についた
## "癖"とのつき合いかた

わずかなことでも、"癖"をやめると、上達します。からだや声の可能性が増えるからです。「真の上達」には、"よくなろうという意気込みや努力"は必要ありません。なんとも楽しいことなのです。

# Case12

実践編3
無意識的についた"癖"とのつき合いかた

## とにかく緊張します

> ・とにかく緊張します。
> ・高い声が出にくいです。
>
> 元教員・88歳・バリトン

**PROFILE**
子どもの頃から歌うのが好きで、師範学校時代には音叉で音を取りながら、混声や男声のアカペラに親しんだ。高校教諭となり、倫理社会・政治経済を担当。退職後に雅楽の龍笛を学び、73歳からはその指導にあたって、現在に至る。

### \ Hiroko's 気づき /

＊歌いはじめると同時に、一瞬にしてからだが緊張するように見えます。
＊龍笛（りゅうてき）を吹く時に、歌うことを邪魔する"何か癖がついている"ことがあるのかもしれません。
＊真面目で几帳面な方なので、それが緊張につながりやすいのかもしれません。
＊歌いだすと、急に喉頭がつりあがってしまいます。高音になるとそれが特に顕著で、歌声は喘ぎ声のようになります。

### 今までのレッスン

**自分が指導する時も、まったく変わってきました**

　龍笛の演奏法としては、もっぱら「丹田に力を込めて吹く」ことしか教わりませんでした。「どこかで呼吸法や教え方を学びたい」と思っていたところ、4年前、川井先生のボディ・マッピング講座「音楽家ならだれでも知っておきたい『からだ』のこと」のチラシを見かけ、受講しました。明快な説明と、科学的でからだに無理をかけない方法に驚きました。

　それ以来、月1回の歌のグループレッスンに参加しています。

　結果的に、龍笛の指導方法がまったく変わってきました。「力いっぱい吹けばいい」のではなく、その人と曲にあった必要な量の呼吸やからだの緊張感（リラックス度）を感じてもらうことを第一に考え、教えるようになっています。

## "努力しないで出る声"を経験しましょう！

## LESSON

レッスン曲目
橋本國彦：お菓子と娘
（詩／西条八十）

### 歌う緊張を軽減するには？

「椅子を持ってまわしながら」歌ってみましょう。レッスンで重要視しているポイントは、「気をつけることを加える」のではなく、「歌うソマが自然に動いてくれるように導くこと」。多くの場合、何かに集中しすぎて不必要な緊張が生まれているので、==集中しすぎないための工夫==です。

歌うことに対するからだの緊張や、「次に高い音がくる」「高い音は難しい」といった"恐怖"があると、喉頭は容易によくない高い位置に移動してしまいます。

しかし、この状態になった時、今度は喉頭を「強制的に下にさげて歌う」のではなく、「結果的に、適切な位置にリラックスしてさがる」ように練習しながら待ちましょう。

「椅子を持ってまわしながら歌う」はその一例です。こうすることで、恐怖を感じる"余裕"がなくなります。"持つ"ということで、皮膚感覚も、筋感覚もつかわれます。

持ちあげる椅子が「どのくらいの重さが適切なのか」は、人によって異なります。自分のソマを、「はっきりと認識できる」重さがいいでしょう。物を持つので、からだの重心もしっかりしてくるのではないでしょうか。

歌っている本人は、声の変化に気づきにくく、「ただ単に歌いやすい」と感じるだけかもしれません。しかし、外には声の変化が顕著に表れるので、指導者はその変化をわかりやすい言葉で伝えましょう。そうすることで、歌っている人は自信がつき、その感覚を積み重ねて、うまく歌えるようになるのです。

そして、「歌いやすい」「声が出やすい」ということが、ソマにおいてはもっとも基本です。つまり、==“声を出そう”と“努力しない”で歌う訓練==が、あなたの真の歌声を導き出します。

### 今後の練習方法

「声を出しやすく、楽しい」と感じたなら、この方法で練習を続けてください。まずは椅子（鞄など、他の物でも大丈夫です）を持って動かし、その動きの中で歌いだします。さらに、椅子をゆっくり置きながら、また置いた後、何も持たないでも歌い続けます。椅子を持ったり、持たなかったり、歌いながらいろいろ試してみましょう。

歌いだすよりも前に、椅子を動かしはじめることがポイントです。

ここからあなたは何に気づきますか？

*1 Kinesthesia 語源はギリシャ語で、動きを認識する感覚のこと。（「音楽家ならだれでも知っておきたい『からだ』のこと」P45より）

Case 13 / 実践編3
無意識的についた"癖"とのつき合いかた

# 「鳥の首を締めたような声」になります

> ・もう少し厚みのある"響く声"になりたいです。
> ・歌う姿勢をもう少しきれいにしたいです。
>
> 主婦・63歳・ソプラノ

**PROFILE**
少しピアノが弾ける程度だった3年前に、公民館活動でコーラスを始めた主婦。

### 受講理由

3年前までは、コーラスで歌うこととは、まったく無縁の生活をしていました。声の出しかたがわからないと思ったので、月1回のグループレッスンに参加。ちょうど2年になります。

\ **Hiroko's 気づき** /

＊いわゆる鳥の首を締めたような声で、か細く、音が下がりやすい状態です。
＊普段から「顎が前に出て、首の後ろに力が入りやすい」ようです。歌うことで、その姿勢をよくできないでしょうか？

**歌う前に肩甲骨と股関節を動かしましょう！**

## LESSON

レッスン曲目

中田喜直：こだまでしょうか
（「金子みすゞ詩による童謡歌曲集」より）

## 顎をあけると首に近づきます

歌う時に、「顎がどのように動いているのか」を観察してみましょう。鏡を見ながら歌ったり、顎の下に手を置いたりしてみましょう。「顎を引く」という指示ではなく、頭と首の関係を理解してもらう目的で、「顎が首に近くてもよい」という言葉掛けを行いました。

その一方、和音をピアノで弾いて、その進行を聴いてもらいました。その後で歌ってもらうと、音程は少しよくなります。

さらに、首の後ろが長くなるように、「頭は上に、背中は長く、体重は足のほうに流れるように移動」と、全身への注意を呼びかけました。

## 今後の練習方法

普段から、からだをよく動かしましょう。よく歩き、特に、股関節と肩甲骨を動かす体操をしましょう。それから、のびのび歌いましょう。すると、次第に声量も増してくるのではないでしょうか。しかし、「大きい声を出そう」と思って歌わないでください。

"姿勢が悪い"からと言って、急に、背筋を伸ばした"よい姿勢"に自分を押し込めないこともポイントです。たとえ"よい姿勢"に見えていても、からだが硬くなっているならば、それは"よい姿勢"ではないし、歌う時にはマイナスです。

大切なのは、外から見えるソマの様子ではなく、自分が快適なソマの姿勢、つまり"スッキリと快適なソマ"ということになります。自分が感じることをもっとも大切にしながら、少しずつ進みましょう。

---

### COLUMN

歌の先生に「性格を変えなきゃダメよ」と言われたと困惑している人に時々出会います。よくあるのは、「真面目すぎ」「几帳面すぎ」「細かすぎ」「考えすぎ」を変えなさいと言われたというのです。

「真面目すぎ」といわれてる人は、実は不安がどこかにあるのではないのか、できないことをできるように見せようとしていないのか、自分をきちんと見つめましょう。几帳面も細かすぎも、どの場面でそれを発揮すると効果があるのか、よく考えてみましょう。

性格は、もちろん、あなたの性格ですから、大切にしてください。

# Case 14 / 実践編3 無意識的についた"癖"とのつき合いかた

## "ヴィブラート"を止めたいのですが

" ・ヴィブラートがかかりすぎるので、「特に合唱する時にはよくない」と思っていますが、どうなんでしょうか？ "

教員・47歳・ソプラノ

**PROFILE**
音楽大学声楽科卒。中学校音楽教諭。

### \ Hiroko's 気づき /

一見よくないことに思えても、止めてはいけないことがあるようです。

### 受講理由

大学時代はとにかく「先生の真似をしなさい」というレッスンで、叱られることに恐怖を抱きながら指導を受けていました。中学校教諭となって、合唱指導のための発声法などを研究し、自分では「知識もついてきた」と思いましたが、生徒たちの声はこもって、遠くに飛びません。そこで、「よりよい方法はないか」と探し、川井先生の講座を受講。個人レッスンを受けはじめました。個人レッスンは今回で3回目です。

### 今までのレッスン

**力を入れすぎていたことに気づく**と、声がよく出るようになりました

最初のレッスンで、「口の表面を動かしすぎ」「お腹を強くひっこめすぎ」など、「いろいろやりすぎているのではないか」という指摘を受け、「今まで自分がやってきたことはいったい何だったのか」、とショックを受けました。

しかし、教えていただいたことを意識して1カ月練習すると、声がよく出るようになりました。合唱指導の方針を変えて1カ月やってみると、周囲から「子どもたちの声がやわらかくなった」と言われました。

2回目のレッスンまでの間、彼女が1カ月やっていたのは
1．骨盤を触りながら歌ってみました。[*1]
2．視野を一点に狭く定めないで、いろいろなところを見ながら歌いました。
3．骨盤の中心で、小さく∞を描きながら歌ってみました。脊椎全体・頭もそれに伴ってゆらゆら動きます。

上記の練習方法の目的と指導理由は、以下のようなものです。
1．骨盤周りを触りながら歌うと、からだ全体が歌うことに参加しやすくなるようです。上半身の緊張の緩和、息継ぎの時に呼吸が浅くなることなどを防げるでしょう。
2．視野が狭くなるために、からだが硬く窮屈になっているように思われました。「視野を広く」というアドヴァイスを行っても、まだ「凝視する」傾向があったので、「いろいろ視点を移しながら」と指示しました。
3．これは「ソマ全体をしなやかにつかおう」というのが目的です。"からだを締めすぎて歌っている人"に役に立つ方法でしょう。しかし、自分では"締めすぎ"だとは思っていない方も、一度試してみてください。何か発見があるかもしれません。

---

[*1]「うまく歌える『からだ』のつかいかた」P133

## LESSON

**レッスン曲目**
A.Caldara: Sebben crudele
たとえつれなくても

## ヴィブラートとは何でしょうか？

Student：“Sebben crudele”の“cru~~”でヴィブラートがかかっているのが気になります。
Hiroko：ヴィブラートについては、まずは定義を慎重にしましょう。合唱で「ヴィブラートがかかっている」という時は、一般的に「よくない声の揺れ」を指していることを知っておいてください。

　これは、例えば、弦楽器奏者が左手を動かしてかける"ヴィブラート"とは意味が異なります。声は空気の振動なので、"ヴィブラート"がないとサイレンのようになってしまい、楽音（音楽できる音）にはなりません。"ヴィブラート"は声には必要なものですが、一定以上大きく揺れると、「よくない邪魔なもの」とみなされます。このよくない「声の揺れ」のことを、声楽や合唱の分野では、単に"ヴィブラート"と呼ぶことが多いのです。音声学的には「トレモロ」と言います。

　オペラを歌う時は強い表現を求められますが、ここでもやはり「健康的でない揺れ」はよくありません。年齢を重ねてから声の揺れが出てきた場合のことは、後述します（▶本書 第4章 Case16 P76）。

＊声の揺れが気になる時は、
〇無理をして大きな声で歌わない
→◎ちょっとだけやわらかく、つまり==音量を少なめ==で歌いましょう。

　また感覚的な言葉なので、あまりつかいたくないのですが
〇声を細めにとって歌う
ことで、解決の方向に向かうでしょう。

　つまり、"大きな立派な声で歌おう"としている人は、"声が揺れやすい"といえます。逆に言えば、声が揺れてきたのなら、"自分の持ち声より明らかに太く、重く、声をつかいすぎています"。声が高音でひっくり返る、声がチェンジでひっくり返るという人も、同じ原因の場合が多いです（▶本書 第5章 Case17 P80）。

（次ページへつづく）

## ちゃんとした歌声になってくる過程かもしれません。

# Case 14

実践編 3
無意識的についた"癖"とのつき合いかた

それから、ぜひ知っておいていただきたいことがあります。

1．自分では「ガサガサしてよくない」と感じても、外に出ている声はとてもきれいなこともあります。[*2]

2．響きのない硬い声が「やわらかいよい声になろうとする」過程で、いったん声が揺れてくることがあります。この場合の揺れは、固めていた喉頭が自由になり、声帯が健康的な振動を始めたために起こってくる、それに伴う"一時的な揺れ"です。ですから、止めてはいけません。それよりも、のびのび歌えている、ソマが窮屈でないことを大切にしましょう。すると、この揺れはだんだんと収まってくるでしょう。

次の動画をご覧ください。

指導者の方は、生徒の声が揺れる場面に遭遇したなら、その原因をまずは理解しましょう。その原因となるものを取り除き、それらが<mark>収まるのを待つ</mark>しか方法はありません。

この撮影から半年後、彼女はモーツァルトのモテット"Exsultate, jubilate"をのびやかに歌えるようになりました。

学校の子どもたちの合唱指導でも、ヒモトレ（▶本書 第5章 Case18 P84）やその他の体操も取り入れるなど、新しいことにどんどん取り組んで、成果をあげています。

ここには、<mark>指導者も自ら学ぶ</mark>ことで生まれる、理想的な好循環があります。それは、教師自身の歌声がよい方向に変化していく体験が、生徒の声や音楽を理解することにつながるからです。

*2「うまく歌える『からだ』のつかいかた」P112

## "声の揺れ"は止めてはいけません。
## 止まるのを待ちましょう！
## では、どうしたら止まるのでしょう？

# Dr.三枝の メディカル・コラム

## ヴィブラートの起源

　ヴィブラートは音の高さの上下変動であり、"声楽的発声"では1秒間に6.5～7回、半音の1/3程度の変動があるとされています。"心地よいヴィブラート"は、聴き手にとっても歌い手にとっても心揺さぶるものです。これは、ヴァイオリン演奏時にヴィブラートを練習する過程とは違って、歌唱技術を習得していく間に自然に賦与されるものです。歌唱というひとつの目的に向かって身体全体が共振した結果、覆い隠されていた生来備わった身体に"心地よいリズム"が洗い出されたものといえるでしょう。

　歌唱に向かって身体全体が共振するには、「脊柱による安定した姿勢保持と、脊柱で支持された頭蓋による視野、頭蓋と頭蓋に緩やかに連結した顎（下顎骨）との関係、効率よく安定した呼吸が基盤になる」ことは言うまでもありません。

　実は誰にでも、目に見えない範囲で身体の変動である振るえ（生理的振戦）は起きています。それは"心地よいヴィブラート"よりもやや速い1秒間に8～12回の変動で、筋肉の疲労や精神的緊張によって目に見えるようなものとなり、規則的だったものが不規則になったりもします。なお、脳の病気や薬剤の副作用による振るえは、"心地よいヴィブラート"よりももっとゆっくり、あるいはもっと速い変動です。また、声帯単独で振るえが起こることはありません。

　このことから、歌唱練習中に現われる不愉快な声の振るえ、心地よくないヴィブラートのほとんどが病的なものではないことがわかります。

　その要因としては、次の3つが考えられます。

1. "心地よいヴィブラート"を生み出す基盤が崩れた結果、生理的振戦が顕在化してくる場合。
2. 練習の結果ようやく洗い出されて来た"心地よいヴィブラート"を、「無理矢理目立たせよう」という精神に伴う、身体の不必要な筋緊張によるため。
3. 「振るえを抑えよう」という、さらなる不必要な筋緊張が加わるため。

　音響学的には「2つ以上の音が互いに協和音程の関係から外れると、音のうなりを生じる」という現象が知られていますが、この時、「ヴィブラートがあるとうなりが消退し、豊かな和音になる」と言われています。つまり、ヴィブラートによって、"音同士の衝突によるうなりの発生が避けられ、物理的に正しいとされる音の高さからも自由になった歌唱となる"のです。

　解き放たれた歌唱から洗い出された"心地よいヴィブラート"は、音楽的にも生き生きとしたものになるでしょう。

# Case 15

実践編 3
無意識的についた"癖"とのつき合いかた

## 「口角をあげない」で歌えるのですか

> ・「口角をあげないで」という注意の意味がよくわかりません。笑顔が減って、顔が美しくなくなったように感じます。
>
> ジャズ歌手・46歳・ソプラノ

**PROFILE**
プロフィールは前掲。P44

### ＼ Hiroko's 気づき ／

口角を上にあげようとすることで、喉頭が高い位置で固まりやすくなっていませんか？

**受講理由**

個人レッスンをほぼ毎月受講しはじめて約1年半。本番でうまくいかなかったことを、毎回質問しています。
　声をより自由につかえるようにするために、「口角をあげないで」と前回のレッスンで注意を受けたのですが、うまくいきません。

## 口の周りは、そのまま口の中の粘膜につながっています。

## LESSON

### 口角と喉頭のリラックスの関係 ～「口角をあげない」という注意が意味すること

日常でも、歌う時にも、一般的には「口角があがる」ことはよいこととされています。

ただし、次のような場合は、声を出す時“よくない動き”に変わってしまいます。歌う時は、特に高音が出にくくなります。それは、口角を上にあげようとすることで、頬の内側にある頬筋に力が入った場合です。頬筋は顎の奥で、上咽頭収縮筋へとつながっています。口角をあげようとして、頬筋が緊張すると、上咽頭収縮筋から喉頭全体にその緊張が伝わり、それらが硬くなる傾向にあります。

「口角をあげて」や「笑って」という指示では“どうも声がうまく伸びない”“音域が狭いままだ”という人は、一度、頬筋に注意を向けてください。首まで硬くなっている人も時々いますが、そうなると、「笑って」や「口角をあげて」の言葉掛けは無意味などころか、声を出にくくしているのです。

彼女は、「口角をあげないで」という注意の意味がわからないと言っていますが、実は、私は、「口角をあげない」という指示はしていません。

私が指示したのは、歌う時に、「口の横が上にあがるのを、指で押さえて止めてください」という具体的なものでした。これによって、頬筋に不必要な力が伝わらなくなり、喉頭もよりリラックスできるからです。ところが、彼女は「口角をあげないで」と理解し、その言葉で動きを覚えていたために、私からの注意は「顔の表面の動き」にだけ向いてしまいました。そのため、顔のもっと内側で起こっている新しい動きや感覚に、意識が向かわなかったのです。頬筋をリラックスさせ、その上で「笑顔になる・口角をあげる」ことは可能です。少し時間はかかりますが…。

このように、ひとつの癖を修正しようとする時、「表面的に起こっていた“よいと思われる動き”をいったんあきらめなければいけない時期がある」ことを知っておきましょう。すぐに本番がある場合は、なかなか難しいかもしれません。しかし、長い目で見た時、このような修正はずっと大きな喜びをもたらします。

*1 「うまく歌える『からだ』のつかいかた」P56

# 表面の動きから、ソマの深いところで 何が起こっているのかを知りましょう！

# Case 16

実践編3
無意識的についた"癖"とのつき合いかた

## 最近、声が揺れてきて困っています

"
・以前より息が続かなくなって、声も不安定になってきました。

声楽家・62歳・ソプラノ
"

### PROFILE
音楽大学声楽科卒業後、全国童謡歌唱コンクールで入賞。現在までの23年間に行った演奏会は900回を超え、近年は年間70～80回ほど、歌う本番をこなしている。歌う曲は、童謡、ポップスからクラシック、自作曲までと幅広い。大学講師を経て、現在は子どもから大人までを対象に音楽教室を主宰。教育の分野でも40年以上になる。

### 受講理由

学生時代から声はよく出て、発声に困った記憶はほとんどありません。ところが、4～5年前から、急に、「息が続かない」「声が揺れてくる」ことが起こり、悩みはじめました。「年齢のせいでどうにもならないのかな」と思う一方、それでも何か対策はないものかと探しています。

### ＼ Hiroko's 気づき ／

いわゆる"鈴の鳴るような"美声の持ち主です。もともとオペラアリアなども歌われていた音域と声量のある方なので、年齢のせいではなく、「声帯の"運動不足"が影響しているのではないか」と思われます。

**年齢とともに声が揺れてきた時は少し音域の広い曲を。**

## LESSON

**レッスン曲目**
ありがとう（若松歓作詞・作曲）

### 歌のジャンルによる特徴を知りましょう

　「音楽の素晴らしさや自分の思いを伝えよう」と積極的に演奏活動を行われ、特に最近ではクラシックよりもポップスや童謡などを歌うことが多くなったそうですね。親しみやすい歌を届けることが多くなったため、演奏会の本番でもマイクをつかうようになったとのことですが、からだや声の機能から見て、「童謡やポップスとクラシック曲の大きく違うところ」についてご存じでしょうか？　もちろん、クラシックもいろいろ、ポップスもいろいろなので、一概には言うことは難しいのですが…。

　しかし、一般的に、
・クラシックの声楽曲のほうが、広範な音域がつかわれていることが多いでしょう。
・オペラアリアは特に、"声質の特徴"を考慮して作曲されています。

　つまり、ソプラノ向き、バリトン向きなどのフレーズの動きや、テッシトゥーラ[*1]などが明確です。特に、ベルカントの作曲家[*2]ならそれが顕著です。

　「音域が狭い」とは、「声帯の伸縮の幅が少なくても、歌うことができる」ということです。逆に言えば、「音域が広い」とは、「それだけ声帯の伸びたり縮んだりの動きが大きい」ので、息のスピードや圧力の変化もいろいろ要求される」ことになります。

（次ページへつづく）

*1　Tessitura（伊）
*2　一般的にはロッシーニ、ベッリーニ、ドニゼッティの3人の作曲家を指すが、実はその歌唱法はもっと前の時代から始まっている。

# Case16

実践編 3
無意識的についた "癖" とのつき合いかた

　まず、コンサートでもよく歌う、「ありがとう」を歌っていただきました。その後で、「何か歌えるイタリア歌曲はありませんか？」と質問したところ、「何十年も歌っていない」と言われたのですが、"Caro laccio" を歌っていただきました。

　「ありがとう」を歌う時には明確ではなかったのですが、"Caro laccio" を歌っていただいて、より顕著にわかったのは、ソマ全体ではなく、「口で歌っている」ということでした。
　そこで、「口の動きをなるべく少なくする」ように、指示を出しました。それは、"ご自分が歌う感覚を、口の動きではなく、からだの深い部分で感じてもらう" ことが目的です。それには、「今一番積極的なところ・動きの大きいところを "少なくする" のが早道だ」と考えたからです。どうか試してみてください。あなたのソマが歌う感覚をより洗練させるために。

## イタリア歌曲を声の健康のために

　特に音楽大学声楽科を卒業されている人には、今の主なレパートリーがクラシック以外のジャンルだったとしても、お気に入りのイタリア語の曲を歌うことをお勧めしています。それが声のトレーニングやリハビリにもなるでしょう。イタリア語の子音は日本語よりもやわらかく、素早い舌の動きが必要で、かつ母音は明瞭なので、歌うことには最適だといえるでしょう。
　わずか2回ですが、この日、"Caro laccio" を歌っていただきました。すると、その後に歌った「ありがとう」は、「喉がなめらかに感じられて、明らかに歌いやすくなった」そうです。動画では、外に現れた声にそれほど変化がないように思われますが、歌う本人の中では変化が大きいようでした。演奏を長く続けていくためには、"歌う自分がどう感じるか" も重要なポイントとなります。

# 感覚を洗練させるには
# 「少なくする」がポイントです！

78　うまく歌える「からだ」のつかいかた　実践編

# 第5章

## 歌うソマへのレッスン
## 実践編4
## からだへの信頼を
## 取り戻そう

苦しいのは葛藤です。自分の判断と"ソマの
実際"が異なるからです。脳からソマではな
く、ソマから脳へ。ソマがいったい何をしよ
うとしているのか、信頼しましょう！

# Case 17

実践編4
からだへの信頼を取り戻そう

## 喉が締まってきます（1）

> ・日によって、声の調子がかなり違います。
> ・軽めに歌おうとすると、声がひっくり返るので不安になります。
> ・上半身に力が入ります。
>
> 学生・23歳・バリトン

**PROFILE**
音楽大学声楽科を卒業したばかりで、これからオペラや歌曲など、多様な分野で活躍したいと思っている。

### ＼ Hiroko's 気づき ／

＊いわゆる美声で、簡単によい声が出るタイプの方です。
＊これからプロで活躍するのならなおさら、長い将来を見据えた声づくり・からだづくりが、今の20代の時期にはもっとも重要でしょう。

---

**受講理由**

　表現を重視するあまり、声が重くなってきたと感じています。最近、曲を最後まで歌い通せなくなってきて、発声に悩んでいます。そのため、精神的にも不安定な時があります。

---

**歌いすぎ注意！**
はじめから声がよく出る人は、要注意です！歌いすぎないように！
いくらか負担がかかっても、その自覚症状はなく、かなりの負担がかかるまで自分でわかりにくいようです。"違い"がわかるようになることが、あなたの上達を促すでしょう。

---

80　うまく歌える「からだ」のつかいかた　実践編

## LESSON

**レッスン曲目**
R.Strauss：Zueignung 献呈（詩/H.Gilm）

### 将来のために、今の時期が意味するもの

　日々の声の調子に一喜一憂しないように。気をつけるべきは、調子の悪い時ではなく、調子のいい時です。「調子のいい時に歌いすぎない」ことです。

　私の耳には、彼自身の持ち声よりも、「太く、重く、しかも大人っぽく」歌っているように聴こえます。そのため、いろいろなアンバランスがあり、そしてそれを修正する方法が適切でないため、いろいろな弊害や精神的な不安が起こってきているようです。

　詩の意味より、"よい声を出すこと"に重点を置いていませんか？ 詩の内容をきちんとわかっていますか？
　歌っていると、「胸がだんだん苦しくなってくる」「詰まってくる」とのことでした。
　その悩みは、音量を少し落として練習をすることで、まずは減少するでしょう。

　しかし、すぐに試験があるなど、常に「大きな声で歌いたい（＝ホールの後ろまできちんと聴こえないのではないか？）」「他の人より上手に歌いたい」という気持ちが先行する場合は、自分のプロセスと向き合い、辛抱強く練習することでソマの成長を待つことに、なかなか意識が向きません。美声であるだけに、簡単に声が出てしまうため、"本当によくなること"を遅らせていると、私は感じています。

　「両手に荷物を持って」歌ってもらいましたが、これは、"上半身の筋肉を積極的につかうことで、胸が開くよう"促すことが目的です。持つ物や重さは各人で調節してください。私は、「500gの缶詰めを両手に持って、さまざまな動きをしながら歌う」のが好きです。同時に、下半身の感覚を確かなものにし、"ささえ"られることも重要です。

（次ページへつづく）

第5章／実践編4　からだへの信頼を取り戻そう

**両手に何かを持って歌ってみましょう！**

81

# Case17 実践編4 からだへの信頼を取り戻そう

動画の後半で、「彼の前で私が手を振っているのは、"目が一点を凝視する"のを止めたい」からです。「視線を一点に集中したり、"物を見ているようで、実は何も見えていない"ような目のつかいかた」では、声は遠くまで拡がっていきません。

## 「声がひっくり返る」が意味するもの

声がひっくり返るのは、最終的な本番ではよくないアクシデントかもしれませんが、"発声の点から見れば、悪いことではありません"。なぜなら、それは「声帯が強く伸展した」ことを意味するからです。その音がそもそも出なかった人では、"音域が広くなる"ことの最初の一歩が始まったことになります。

しかし、彼の場合のように、かつてひっくり返ったことのない音がひっくり返り始めたのは、その音までの旋律を重く歌いす

ぎていると、ソマは教えてくれているでしょう。

不安になるのではなく、どんなアンバランスが起こっているのかを感じられるようになりましょう。心配はいりません。

それよりも、声をひっくり返らなくする対策として、"喉に力を入れてはいけません"。重くならないように歌いながら、ささえの感覚とつなぐことで、それはよりよい方向へと移行します。

# 急がず、深く知ること。
# 辛抱強く、積み上げること。
# どんなに美声に恵まれていても、
# これなくして真の上達は生まれません。

## COLUMN
### "立派な声"を求めることの弊害

日本だけではなく世界的に、自分の持ち声や年齢に応じた声よりも、"より強く、重く、暗い声がよしとされる"傾向があります。これは何とも喉には不健康で、多くの危険を伴います。中高生も含めて、特に20代・30代では、声に負担がかからないように、慎重にトレーニングする必要があるでしょう。

周りを見回し、「こうしたら、より高得点を得られる」という曲を歌ったり、「音量など、でき上がりのことばかりを気にする」のではなく、「ソマからの情報を真摯にとらえて、地道に努力すること」が将来を決めるでしょう。自分の能力や可能性を信じて、あせることなく、賢く進みましょう！

# Case 18

実践編4
からだへの信頼を取り戻そう

## 喉が締まってきます（2）

> ・息が長く続きません。
> ・高い音の時、喉が苦しく、うまく出すことができません。
>
> 学生・19歳・ポップス

第5章 実践編4 からだへの信頼を取り戻そう

**PROFILE**
中2の時にB'zの曲を聞いてから毎日歌うようになった、哲学専攻の大学1年生。

### 今までのレッスン

**驚くことばかりです**

　3カ月前から、川井先生の歌のレッスンを受けるようになりました。毎回、「脚を意識したら高音が出やすい」など、驚かされることばかり。今回で3回目。感覚だけで歌っていたのですが、「からだを意識するようになった」ことで、格段に歌いやすくなりました。レッスン中の変化はわかるようになりましたが、「それをどう持続させるのか」がまだわからないでいます。

\ Hiroko's 気づき /

息を吸う時に、肩が少し上にあがっています。
呼吸のしかたを改善しましょう！

## 肋骨下部の動きを感じましょう。

# Case 18

実践編4
からだへの信頼を取り戻そう

LESSON

レッスン曲目
奏（かなで）（大橋卓弥作詞、常田真太郎作曲）

## 胴体で呼吸の動きを感じましょう

スクワットをしながら、「背中側でも肋骨の動きを感じる」ように、促しました。すると、呼吸が少しラクになったようです。結果的に、声が深くなり、息も長く続きやすくなりました。

"ヒモトレ"を勧めました。ヒモを骨盤周りに巻き、胸部にはタスキ掛けすることで、「からだの感覚が高まって、歌いやすくなる」ようです。「座った状態で、太ももにもう1本ヒモを巻いて歌う」のも効果的かもしれません。

### COLUMN
**「ヒモトレ」とは？**

ヒモトレとは、直径4〜10mmのヒモを胸やお腹などに巻いて行うトレーニング方法。オリンピック選手やプロスポーツ選手を指導してきたバランストレーナーの小関勲氏によって創案されました。

ゆるくヒモを巻くだけで、からだの偏りを自己調整でき、近年、注目を集めています。

歌う時に、腰に巻いたり、胸に巻いたり、太ももに巻いたり…などすると、個人差はありますが、明らかに声を出しやすくなるようです。特に、力みやすいという人にはお勧めです。顎や舌に力が入るという人は、頭〜耳〜顎の下〜耳〜頭と、ぐるっと巻いてみるのもいいかもしれません。

楽譜からではなく、誰かが歌うのを聴いて、その曲を歌いはじめる、いわゆる"耳コピー"で歌う時に起こりやすいのは、自分のタイミングで歌えないことです。ここでは耳が優先となり、自分の歌うソマの存在が少なくなってしまいがちです。だから、テンポやタイミングが自分に合っていないことで、呼吸が浅くなってしまい、呼吸のために肩が上下するのです。急ぎすぎないで。あなたのタイミングで！ 急ぎすぎると、横隔膜が歌う呼吸に連動する、あなたの本来のタイミングにアクセスできないために、息を効率よくつかえないのです。

横隔膜は肋骨の内側に付着していますから、横隔膜が動く時は肋骨も動きます。特に、肋骨下部で、その動きは顕著に感じられます。肋骨最下部の左右2本ずつは、からだの前面に骨でつながっ

ていない浮遊肋骨です。そのため、横・背中側の肋骨下部の動きも感じやすいでしょう。[*1]

## 胸の前面は肋軟骨です

「歌う時に、胸が動いてはいけない」と思っている人がいますが、胸の前面は肋軟骨で、後面は関節です。肋骨は動く構造になっています。

"胸が硬い"と感じる人は、"胸をゆるめる"ことから始めましょう。「胸を高く保つ」ことから始めると、先に進めなくなるでしょう。ソマの観点からは"胸は開いている"ように感じる場所であって、「高く保つ」のではありません。常に"やわらかく繊細な動き"があります。「高く保つ」は、自分のソマからではなく、外から見た時の状態を形容した言葉です。

## 今後の練習方法

歌う時に、"脚の感覚"はとても大切です。"脚の感覚"がなければ、「歌う呼吸は、横隔膜の動きと連動しにくい」でしょう。理由はいくつかありますが、そのひとつは、脚の筋肉も大腰筋も股関節につながっているので、股関節は歌うために必要な深い呼吸に関係します。

"息を長く続かせよう"と無理をして、どこかを締めたり、保ったりして、がんばるのではなく、まずは脚の感覚をしっかり持って、「からだ全体が連動する」ことから始めましょう。「保つ」のはその後です。

このような連動がないのに、「息を長く続ける」目的で、"どこかの筋肉を強く締めて保とう"とすると、ソマはますますアンバランスとなって窮屈になってしまいます。同じことを試みても、その人の状態によっては、「結果が出ないどころか、逆に、よくない状態を招くこともある」のです。「自分が何をやっているのか」「今、何が必要なのか」をきちんと観察できることが、歌う人には必要です。また、指導者ならば、各人の違いを見極め、その時の状態に適した"プロセスからの指導"が必須です。

*1「うまく歌える『からだ』のつかいかた」P62

# Case19

実践編4
からだへの信頼を取り戻そう

## 高音が詰まります

> ・高音が出にくいです。
>
> 教員・44歳・テノール

**PROFILE**
教育系大学院声楽専攻修了。高校音楽教諭。学校では合唱部と吹奏楽部の両方の顧問を務め、多忙を極める一方、演奏活動も続けている。

### \ Hiroko's 気づき /

＊高音を、無理やり歌っている感じがします。
＊内面が騒がしいのは、なぜ？ そのためだと思うのですが、どこに合わせていいのかわかりにくく、ピアノ伴奏パートを弾きにくいです。

## 今までのレッスン

### 自分の声について
### だんだんわかるようになってきました

　声楽を始めたのは高校2年生の時、当初から高音に難があって、自分の声がテノールかバリトンかわからず、かなり悩みました。師事する先生によって、完全に意見が分かれたからです。師事した先生はTen. 2人、Bar. 3人、Bass. 1人、Mezzo. 1人、Sop. 1人です。川井先生に出会うまでは、教えてくださる先生の感覚で指導されることが多く、思うように声の出ない私に理解できることは少なかったですね。

　例えば、バリトンの先生は「しっかりささえて歌うこと」、テノールの先生は「眉間あたりに声を集めること」「高い音は腰をストンと落としたように歌うこと」、メゾソプラノの先生は「感情移入して歌うこと」などを強調されていたように思います。それらのすべてが、私には「わかったような、わからないような…」印象でした。

　現在は高校で音楽教諭をしており、吹奏楽部と合唱部の主顧問をしています。歌の練習はわずかな空き時間に行っています。

　川井先生の勧めで受診した耳鼻咽喉科音声外来の先生によると、私の声種はテノールで、「喉頭から上の空間が長い」という特徴があるそうです。長年テノールかバリトンかで悩んできたことをお伝えすると、「扁桃腺が大きく、バリトンに必要な空間がどちらかというと狭いこと、声帯は短くテノールだろう」と言われました。長年の悩みが医学的に解決したと感じた、喜びの瞬間でした。

　川井先生に師事するようになってから3年が経ちますが、「自分の声のことがわかるようになってきた」と感じています。そして、先生のレッスンでは「どこに注意して歌う必要があるのか」「どの部分は注意しなくてもいいのか」を的確に指摘してくださいます。

## LESSON

**レッスン曲目**

Non ti scordar di me　私を忘れないで
（D.Furno作詞、E.De Curtis作曲）

### 脚との関係で高音が出やすくなります

　高音が苦しい時、特に"胸が詰まる時"に、「脚を動かして練習すると、声が出しやすくなる」かもしれません。"その場で足踏みをする""歩く""後ろ向きに歩く"[*1]などをしながら歌うこともお勧めですが、"膝を曲げる動作"も有効でしょう。

　"膝を曲げる動作"のポイントは、「つま先の方向に膝が動く」こと、ガクンと急に曲げるのではなく、「なめらかなゆったりした動きである」ことです。「上半身をやや前傾したほうが胸もゆるむ」ので、歌いやすいでしょう。

　膝をちょっと曲げてみましょう。膝を軽く前に出し、足の裏で地面を確かめる感じです。

### 練習する時の心構え

Student（S）：昨日は、「もう少しうまくいったのに…」という思いと、からだとつながっていないことがわかるので、今「何とかしよう」としていました。

Hiroko（H）：いや、そうではなく、ただ、この動きを感じて歌ってください。自分で「こことここをつなげて」などと、考えて操作する必要はありません。動きを感じながら歌っているだけで、ソマは自然に働く方法をとってくれます。ただそれをやりながら歌って、感じをつかんでください。

S：今、本当に何も考えていないです。

H：でも、声は出ていますし、今のほうが、「何をどう歌いたいのか」私にはわかります。伴奏もしやすくなりました。

　それから、「昨日できたのに…」「リハーサルではうまくいったのに…」などと思って、前と同じようにしようと思う必要はありません。毎回、毎回、新しいのです。その時、その時を楽しみ、新たに歌ってください。そして、たとえそれが前よりうまくいかなかったとしても、構いません。

　また歌えばいいのです。それに、「前のように」と思うと、前よりもよくなるチャンスを逃すかもしれません。「"前のように"うまくいく」可能性もありますが、「"前より"うまくいく」可能性もあるのですから。

　歌う時間をもう少し増やせると、その練習の過程でわかってくることが増えるでしょう。

第5章　実践編4　からだへの信頼を取り戻そう

> 脚にも高音のために
> 重要なポイントがあります。

*1「うまく歌える『からだ』のつかいかた」P125

# Case20

実践編4
からだへの信頼を取り戻そう

## 「脱力」がうまくいきません

> "・いらない力がうまく抜けないように感じます。
>
> 教員・58歳・バリトン"

**PROFILE**
音楽大学声楽科卒業後、県立高校で音楽の教諭を務めて34年。学校では吹奏楽部を30年、8年前からは合唱部の指導も兼任。週末はアマチュア・オーケストラの指揮者でもあり、こちらもかれこれ25年。その他、音楽関係の役職も多く、多忙を極めている。

### \ Hiroko's 気づき /

「力を抜こう、抜こう」と思いすぎているのではないでしょうか？

---

**受講理由**

　3年前、発声に悩んだ結果、川井先生の個人レッスンを初受講。「なぜ高音で声が裏返って、うまく出ないのか」の説明を受け、具体的な発声練習（→「うまく歌える『からだ』のつかいかた」P109）を、その後、毎日行いました。わずか2回のレッスンで、（2カ月ほどで）高音だけでなく、飛躍的に声がよく出るようになりました。
　しかし、曲によっては、難しいことがたくさんあります。

## 歌う時は"アクティヴなリラックス状態"です。

## LESSON

レッスン曲目
F.Schubert：Die Krähe　からす
(歌曲集「冬の旅」より、詩/W.Müller)

### 脱力と音楽の関係

詩の意味、曲の情景を明確に語りましょう。

「声に関して何か気をつけていること」があるのか、尋ねました。すると「緊張してはいけない、からだの力を抜こうと考えています」とのこと。

歌っている最中に、「力を抜こう、脱力しよう」と"思う"とうまくいきません。「歌う」というアクティヴなことをやっているわけですから…。

詩を声に出して読み、その後で歌うのもいいでしょう。歌う時に不必要な力が入ったことに気づいたら、次はそれが入らないように気をつけながら、少しずつ、辛抱強く、練習しましょう。「脱力」という言葉は、その状態を説明する時の"言葉"です。歌う人が演奏中に「脱力しよう」と思うと、ソマは「歌うのか？」「脱力するのか？」、混乱してしまうのです。なぜなら、歌うとは「エネルギーをつかうこと」で、脱力する行為とはベクトルが逆方向だからです。私たちは"脱力して歌う"のではなく、"よい加減の必要なエネルギーをつかって歌う"ので、それは「脱力できている状態だ」と説明できるというわけです。

### ドイツ歌曲のピアノ伴奏について

ピアノ伴奏も、「きれいに弾こう」「歌に合わせよう」とする必要はありません。まずは、ピアノの役割である音楽を、積極的に進めましょう。鳥が空中を旋回している情景や旅人の心情を思い描きながら、リズミカルに。もちろん、歌手の息づかいを感じられることは、前提となります。

> 歌っている最中に、「力を抜こう！」と思うと、歌うソマは混乱します。

## ピアノは「歌に合わせよう」とするのではなく、音楽しているから「合う」のです。

89

# Case 21

実践編4
からだへの信頼を取り戻そう

## 口のあけかたを教えてください

> " ・"口の奥をあけて"も高い音が出にくいです。
>
> 教員・58歳・バリトン "

**PROFILE**
プロフィールは前掲。P88

### 受講理由

「口の奥をあける」ことは、よくないのでしょうか？
あるところから、問題が解決しないような気がします。

### \ Hiroko's 気づき /

深い響きをつくろうとして、喉の奥をあけていませんか？ そのことが高音が出にくいことにつながっているようです。

**発語も「からだ全体」の感覚を伴って。**

## LESSON

レッスン曲目
F.Schubert：Die Krähe　からす
（歌曲集「冬の旅」より、詩/W.Müller）

### 「口をあける」とは

　よい声を出そうとして、「口の奥をあけよう」としないほうがよいと思います。なぜなら、「あけよう」「あけるとよい声が出る」と考えると、音の高さや母音に関係なく、「いつも同じようにあけてしまう」からです。「あいて」いても、"硬くなったり""均等すぎて機械的すぎる"のでは、「適切な空間がある」ように思えますが、実はまったく別物になっています。=="あけること"を自分に強要してはいけません。==

　歌う時に必要な"口の奥の空間"は、同じ母音でも、音の高さによって、また曲の表現によっても異なってきます。うまくいかないのは、"いつも同じようにあけている"からです。

### 顎の動きを知りましょう

　顎（下顎骨）はどこに付着していて、どのように動きますか？　発音を"顎の動き"として、感じましょう！　また、音量や音程の変化は、必ず、「ソマ全体の感覚・緊張感・ささえの感覚を伴って」行いましょう。

　発音を"顎の動き"として感じるには、頭蓋骨が脊椎の上でバランスしていることが前提となります。右手で後ろ頭を触りながら、「頭全体がふわっと」を確かめましょう。あるいは、耳をやさしく引っぱって、目と目の間や鼻の奥の空間を感じましょう。[*1]その後に、顎関節を触り、何かを発音しながら、そこでの動きを感じましょう。慣れてくると、触らなくても感じられるでしょう。

### ソマから発音や高音を考える

　ドイツ・リートを歌う時、バリトンであるのならなおさら、「深い母音の、よい響きにしよう」として、口の中を大きくあけて調節することが多いのではないでしょうか？しかし、「口の中の動きで声や発音を調節している」と、その後に出てくる高音部で支障をきたす、つまり高い声が出にくい場合が多いのです。なぜなら、舌を無理矢理下げているために、喉頭の動きに制限がかかり、その高い声が出るように喉頭が動けないからです。その時になって、「高音を出す"技術"は？」と考える人がいますが、その考え方は残念ながら間違っています。

　さらに言えば、その高音への準備は、もっと前からからだの中で始まります。うまくいかない時の原因は、==「自身で考えるよりもっと前」==「もっと基本的なところ」にもあると言えます。

*1「うまく歌える『からだ』のつかいかた」P51

## 原因は、自分が思うのとは別のところにあるのかもしれません。

# Case22

実践編4
からだへの信頼を取り戻そう

## 姿勢が悪くなります

> ・姿勢が悪くなります。
> ・少しでも長く歌っていたいと思います。
>
> 主婦・93歳・ソプラノ

**PROFILE**
「自分の好きな歌をソロで歌えるようになりましょう」という、朝日カルチャーセンターの説明文に魅かれて、月2回の歌のグループレッスンを受講したのは、81歳の時。それ以前の経験は、女学校での音楽の授業のみ。しかし昔から歌うことが好きで、女学校では先輩の歌うグノーの「セレナード」やトーマの「君よ知るや南の国」の歌が印象に残っていて、いつか自分も歌えるようになりたいと思っていた。

### ＼ Hiroko's 気づき ／

90歳を超えられて、高音が少し出にくくなってきましたが、それでも最初に来られた81歳の時に比べると、今のほうが高い声もよく出ています。

### 今までのレッスン

**高音も年齢とは関係なく、出しかたにあることを実感しました**

　月1回のレッスンを受講して13年。この間、「からたちの花」、「庭の千草」を英語で、アーンのフランス歌曲、シューベルトのドイツ歌曲「音楽に寄す」「セレナード」など、好きな曲を歌ってきました。最初は出にくかった高音も、自然に出るようになり、年齢とは関係なく出しかたの問題だということを実感しました。近年、目が悪くなり、足腰も随分弱ってきたのが気になりますが、歌うことはやはり好きなので、少しでも長く歌っていたいと思っています。

## LESSON

レッスン曲目
高田三郎：くちなし（詩/高野喜久雄）

　最初に講座にいらした時から、からだと心・表現の結びつきがすばらしいと感じました。心に沁みる歌いかたで、「どこか特別な深い場所に連れて行かれる」ようで、他の受講生といっしょに、皆でし〜んとなるのでした。

　「へ̇（2点へ音）以上の高い音を、どのように出せばいいのか」だけをお教えしました。

　すると、「からたちの花」、"The last rose of summer" なども、原調で歌えるようになりました。

### 心地よい姿勢を探しましょう

　「姿勢に気をつけよう」とすることが、からだ全体をより硬くするように見えます。

　「年齢による姿勢の変化」は受け入れたほうがよいでしょう。「何かに寄りかかって歌う」「仰向けに寝転がって歌う」など、自分で工夫して、==からだ全体が、特に脊椎が、一番ラクな方法をとる==のがよいでしょう。

### 今後の練習方法

　できるだけからだに無理のかからない状態で歌いましょう。無理に"よい姿勢"にしようと、「まっすぐにする努力は必要ない」と、私は思います。それよりも、股関節の位置を確かめて、からだがそこから曲がることを確認しましょう。

　何人かいっしょにいる時には、「背中に触れる」「背中をやさしくなでる」などを、お互いに試してみましょう。「からだがほぐれてくる」のがわかるでしょう。

**年齢を考慮して、脊椎が一番ラクになる方法を取りましょう。**

# Case23

実践編4
からだへの信頼を取り戻そう

## 無駄な力を入れないで表現を強く出したいです

"・より遠くまで言葉が届いて、表現豊かに歌うには、どうしたらいいでしょうか？"

ミュージカル歌手・37歳・ソプラノ

**PROFILE**
幼少時から日舞に親しみ、短大声楽科卒業。ジャズダンス、タップダンス、バレエは大学時代から。現在は、フリーでミュージカルに出演するとともに、子どもから大人までミュージカルを指導。ミュージカル劇団の研究所の授業で「自分を静かに見つめられる」ヨガに興味を持ち、ヨガインストラクターの資格を取得。ヨガを教えはじめて10年になる。

### ＼ Hiroko's 気づき ／
声を聴いて調節しすぎているようです。

### 受講理由
　ミュージカルを歌う時、言葉をセリフのように立てすぎると、息が浅くなりがちです。かといって、"しっかりとした芯のある発声"を意識しすぎると、シャウト（叫び）になってしまい、"喉が消耗"して咳き込んでしまいます。無駄な力が入らないようにするには、どうしたらいいでしょうか？

## 大腰筋・脚とのつながりを大切に。

## LESSON

**レッスン曲目**
命をあげよう
(C.M.Schönberg：ミュージカル「ミス・サイゴン」より)

### 表現を強くする骨盤とスクワット

　「表現を強く出したい」「歌詞をはっきり伝えたい」時も、声を聴いて調節をするのではなく、ソマからアプローチしましょう。強く表現したいだけ、ソマも強くなります。たとえば、"脚や体幹への気づき"も高まります。

　「骨盤周りを触る」[*1]「すこし膝を曲げて、骨盤の高さで手を動かしながら歌う」などは、効果のあるよい練習方法でしょう。

　スクワットも効果的です。スクワットにもいろいろありますが、ここでは、「横隔膜〜大腰筋〜股関節・骨盤底筋群〜脚〜足の裏へのつながり」に気づきながら、スクワットしてみましょう。ポイントは、背中を反らせないことです。

そして、スクワットのやり始めでは"骨盤が回転する"ように（これによって背中が後ろ側にやや膨らむため、反る動きは起こりません）し、"目線は２・３ｍ先の斜め下"に。"膝はつま先の方向"に向きます。膝が曲がると、ハムストリングスやふくらはぎの筋肉、そして足の裏の筋肉も同時に動き、"指の腹がしっかり地面に着く"感じになります（動画参照）。

　スクワットを数回行った後で、もう一度歌ってもらいました。"息が入りやすく""声のポジションも深く"なっています（動画参照）。それにより"歌詞も強く言う"ことができ、"表現も強く伝わる"ことに成功しています。「無駄な力を入れないようにしよう」と考えていないこともわかるでしょう。これがソマからのアプローチです。

（次ページへつづく）

*1「うまく歌える『からだ』のつかいかた」P133

## 今後の練習方法

Student：レッスンの時によい方向にいっても、演出家の前に行くと、要求される内容によって声の出しかたを変えなければいけないのが現状です。ある程度の声への負担は、しかたがないことなのでしょうか？

Hiroko：プロであれば、要求されることも高く、難しいことも多いでしょう。現場では、歌う側のからだや声の健康のことは考えられることなく、興行的には“何をどのくらい強く伝えられるか”が重要で、もっぱら、でき上がった表現という結果にのみ焦点が向うのでしょう。

　しかし、演じ歌う側に立つと、「それがすべてではなく、プロセスがあっての結果である」ことを強く肝に銘じておきましょう。「結果はそれぞれのプロセスが積み重なったもの」であることを忘れてはいけません。演じる者が注目すべきは、プロセスのほうです。それぞれのプロセスにおいて、「どう理解し、どう感じ、どう演じて、どう歌うか」が、「何を歌うのか」と同時に起こります。

　どんなに極端な変な声色を求められても、そこで演じる側が考えるべきなのは直接的にその声色にすることではなく、その人物の性格であり、どんな感情を抱いているかであり…が、出発点です。

　演出家の要求がどんなに極端で難しくても、演じるのはあなたです。“自分の方法で、時間を十分かけて取り組む”ことで生まれてくるものを大切にしましょう。そして、そこから演出家や聴衆に満足してもらえる表現ができるまで練習を重ねるのがプロというものでしょう。

# 第6章

## 歌うソマへのレッスン
## 実践編5
## 言葉と歌うことの関係

声と発語の関係、子音と母音の関係、舌のつかいかたなどを見ていきましょう。ソマからなら、すべては同時によくなり、そこには繊細なバランスがあります。

# Case24

実践編5
言葉と歌うことの関係

## 「子音が聞こえない」と言われます

> ・子音に気をつけても、言葉がわからないと注意を受けます。
>
> ピアノ教師・48歳・ソプラノ

**PROFILE**
短大声楽科卒業。学生の時は、「ルチア」や「夢遊病の女」などを歌っていた。ピアノ教師として音楽教室に10年間勤務し、その後、女声合唱団で歌いはじめて、10年が経つ。

\ Hiroko's 気づき /

子音の問題は、母音との関係で起こっているようです。

---

**今までのレッスン**

**「足の指まで歌声に関係する」ことに驚きました**

　初めての個人レッスンで、"立ちかたや足の指の状態が歌声に関係する"ことを知って、大変驚きました。私は内股でしたし、いつも足の指は緊張して、何かをつかむようにいつも力が入っていました。お腹周りの筋肉だけでなく、こんなにも"立つこと"が歌うことと関係があるなんて…。
　==床と接している足裏に意識==を持つこと、足指の腹がゆったりと床に接着していることで、声の出しやすさが随分変わってきました。

**母音に原因があるのかもしれません。**

## LESSON

レッスン曲目

G.B.Bassani：Dormi, bella, dormi tu ?
いとしい女よ、君は眠っているのか

### 子音のレッスン

　子音を太く重く発音しすぎると、声が外に出るのを邪魔してしまいます。「子音は軽く、素早く、シャープに」が基本です。声がうまく運ばれ、母音が正しく発音されていれば、子音は十分に聴こえます。声がちゃんと出ていない時は、当然、子音は聞こえません。

　子音の発音を強調しすぎて、だんだん声が出にくくなっている人にお目にかかることがよくあります。子音がよく聞こえない原因は、子音の発音のしかただけにあるのではありません。だから、子音の発音にだけ気をつけても、子音が、つまり言葉が歌っている時に明確にわかるようにはならないのです。さらに詳しく、Case26・27・28で見ていきましょう。

### COLUMN

**内股の方へのアドヴァイス**

　内股の人は、声も内側にこもりがちになるようです。"横隔膜から骨盤・股関節にかけて広がる"大腰筋にも関係があるからでしょう。しかし、急につま先を外に向けると、本人には非常に違和感があると思います。違和感のない程度に、いつもよりほんの少しだけ外に向けて立って歌ってみてください。それだけでも、からだが開く感じがしませんか？大切なのは、あなた自身の「ソマが開いている」という感覚です。

　「私は内股だから、そうならないように足先を外に向けよう」と、日常的に気をつける必要はありません。もしそうするならば、逆により一層の緊張を招くことになるでしょう。それよりも、「なぜ内側に向かっているのか」、心理的なことも含めて、自分を理解することが第一です。

　膝とつま先の向かう方向に気をつけながら行うスクワットは、とてもお勧めです。（▶本書 第5章Case23 P95）

# Case25 　実践編5　言葉と歌うことの関係

## 多忙で、声はいつも疲れています

" ・睡眠不足な上に、疲れている時も歌ったり、話したり、時には大声を出すこともあります。疲れていてもラクに声を出せるようにするには、どうすればいいでしょうか？ "

教員・47歳・ソプラノ

**PROFILE**
教育系大学のトランペット専攻を卒業。一般企業に勤めた後、中学校の音楽教諭になって8年になる。

### 今までのレッスン

**いつも「意外な発見」があります**

　休日出勤も多い忙しい毎日の中、自分で歌う時間を見つけるのは至難の業です。幕張総合高校合唱部の「歌う"ボディ・マッピング"」のDVDを購入して興味を持ち、ボディ・マッピング講座を受講しました。月1回の個人レッスンに通いはじめて2年が経ちます。

　レッスン前は「こんな声でレッスンに行っても歌えないなあ」と気が重くても、レッスンでは「意外な発見」があり、疲れていた声もいつの間にか元に戻っています。帰る頃には、「あんなに気が重かったのがウソのよう」がずっと続いています。

### ＼ Hiroko's 気づき ／

トランペットを吹く人なので、「息を送ることができる人」でしょう。だから、無理をしないで歌っていれば、声が疲れている時でも、レッスン時には、声がだんだんやわらかくなってきますね。指導する私も驚きます。

**気負って努力するのではなく、気楽にできるまで練習しましょう！**

## LESSON

> レッスン曲目

A.Lori：Dimmi, Amor
愛の神よ、私に告げてください

### 発語と声を出すことの関係について

　歌う時に「はっきりと発音しよう」としている人は、そのことが「スムーズに声が出ることを妨げているかもしれない」と、一度、疑ってみる必要があります。なぜなら、歌う時には「はっきり発音しよう」とするのではなく、そこには、「はっきりと発音された状態がなければいけない」からです。

　"発音"は、歌うこととは別に練習しましょう。そして、その時に大切なのは、単純に「その舌や唇の動きに慣れるまで練習する」ことです。そこには、「うまく発音しよう」「はっきり発音しよう」といった気負いや努力は必要ありません。

*Dimmi, Amor, dimmi che fa*
愛の神よ、私に告げてください、
*La mia cara libertà?*
私の大切な自由はどうしているのでしょうか。

　レガート（＝息の流れ）の中で、「子音をどんな感じで発音すれば、声と言葉のバランスがちょうどよくなるのか」、レッスンで気づき、確かめましょう。"dimmi"の"d"、"la mia"の"m"には"適量"があります。それ以上は、必要ありません。

### ＼ Hiroko's アドヴァイス ／

＊学校の音楽の先生は、非常に多忙で、自分の歌の練習時間をとることは、極めて困難なようです。しかし、わずかでも、自分の練習時間をつくってほしいものです。何より、「歌うことは、からだにも、精神的にもよいこと」ですから。

＊"声の健康"に、睡眠時間が重要なのは言うまでもありません。

＊疲れている時は、その時の状態を受け入れ、無理をしないで、「今、できること」を指導するようにしましょう。すると不思議なことに、ソマは思った以上のことをしてくれます。

# Case26

実践編5
言葉と歌うことの関係

## 発音を正確にしようとすると声が出にくくなります

> "フランス語の発音を正確にしようとすると、急に声が出にくくなることがあります。"
>
> 声楽家・43歳・テノール

**PROFILE**
プロフィールは前掲。P52

### 受講理由

のびのびとラクに歌うことと、詩の内容をきちんと伝えるための正確な発音は、どのように同居させることができるのでしょうか？

\ **Hiroko's 気づき** /

新たなバランスに気づきましょう！

**子音で音程を助けることはできません。**

# LESSON

レッスン曲目
R.Hahn：Fêtes galantes（詩/P.Verlaine）
あでやかな宴

## 子音を使ってポルタメント?!

　フランス歌曲やドイツ歌曲、日本歌曲では、繊細で正確な発語が求められます。しかし、発音に気をとられすぎて、声が出にくくなった経験がある人もいるでしょう。
　次の動画は、ポルタメントで歌う時の例です。

　ここでのポルタメントは、どんな情景を表していますか？
　それとは別に、注意が必要なのは「音を上にあげることに子音"R"をつかわない」ことです。一見、そのほうが効率のよい発声に思われるかもしれませんが、"音をその高さに持っていくことに子音の勢いをつかう"ことはできません。
　なぜなら、音程の変化は声帯の振動数の変化です。つまり、喉頭の中で起こります。一方、子音は、喉頭の上部にある舌や唇で行われます。機能的にはまったく別のことが、別の場所で行われています。もし、子音をつかって「声を飛ばそう」「音程をつくろう」と努力するのならば、それは"声が詰まってくる""硬くなる"ことの原因となります。なぜなら、二つの異なるソマの動きを、無理やりいっしょにしようと「脳が指示を出す」ことになるからです。
　確かに、ポルタメントで上にあがるには息が必要なのですが、それと「"R"を発音するための息」は別のこと、別のタイミングなのです。ソマは複雑なことを、いとも簡単にやってくれているのです。

## 発音は歌う前に

　ところで、質問に対する回答です。
　フランス語の発音を正確にしようとして急に声が出にくくなるのは、子音や母音の正確な発音に気をとられすぎることで、音楽の流れやレガートな母音のつながりを妨げることになったからです。それは、歌いだす前の「歌詩についての準備」が十分でなかったためです。正確な発音で話せることは、歌う前に終わっておかなければいけない準備です。歌う時に、正しく発音しようとするのでは遅すぎるのです。

　指揮者のトゥリオ・セラフィン[*1]は、「ノルマ」の一回目のリハーサルが終わった後、マリア・カラスに「君はこれから家に帰ったら、自分自身に向かって、これらの歌詩を声を出して読みなさい。そうして全体がどのようなバランスとリズムを持てばいいのか研究してごらん。自分がこれを歌うのだということや、書かれたものだということは忘れてしまわなければだめなんだ[*2]」と言いました。

---

*1　トゥリオ・セラフィン Tullio Serafin（1878-1968）イタリアの指揮者。
*2　ジョン・アードイン著：マリア・カラス　オペラの歌い方（音楽之友社）1989, P23

# Case27

実践編5
言葉と歌うことの関係

## 日本歌曲になると声が響きません

" ・日本歌曲で、声と詩の意味や言葉の扱いに困るようになってきました。 "

声楽家・57歳・ソプラノ

**PROFILE**
音大声楽科卒、音楽研究所主宰。声楽を教えながら、演奏活動をしている。川井先生の講座を受講するのは今回で8回目、講座内で歌うのは4回目。

### ＼ Hiroko's 気づき ／

＊とても清潔な感じに、うまく歌っています。
＊わずかですが、"持ち声に対して"重く歌っているところがあるために、自分では「歌いにくい」と感じるのでしょう。

### 受講理由

　ようやくドイツ語コンプレックスが軽くなってきたと思ったら、今度は日本歌曲で考えることが多くなりました。以前は日本歌曲がラクに歌えていたのに、少し響かせにくくなってきました。

### 今までのレッスン

**ワンポイントアドヴァイスで、歌がどんどん変化してきました**

　京都と大阪の講座に参加して、今までに3回歌いました。

**1回目**：シューベルトの《アヴェ・マリア》の"♪ A～ve Mari～a"がうまく歌えないことが悩みでしたが、「まず、少し動きのある曲を歌ってください」と言われ、"Lachen und Weinen"《笑いと涙》を歌いました。
　「冒頭の"Lachen"の"L"に息が送られていないのでは…」とご指導いただき、少し息の送りかたを変えました。すると急に、明るく声が出て、言葉がはっきりするようになりました。
　さらに、（少し重めの）譜面台を持ちながら歌うことで、不思議なことにフレーズがつながりました。その後、《アヴェ・マリア》をもう一度歌ってみると、「歌いはじめに、口を大きくあけすぎです。<u>いい加減に</u>」という指導を受けました。そうすることで、本当に気持ちよく歌えるようになりました。

**2回目**：山田耕筰《曼珠沙華》、「ゴンシャン」がうまく歌えないのが悩みでした。「『ン』を発音する時、舌の先が太くなりすぎているうえ、後ろに行きすぎです。母音が詰まって抜けないので、舌先をもっと前（前歯の付け根）に当ててください。舌根に力を入れないように」とご指導いただきました。結果として、高音の「ゴンシャンゴンシャン　なし泣くろ」もよく響くようになりました。

**3回目**：Weber 歌劇「魔弾の射手」より、アガーテのアリア"Leise, leise"。後半の高音部が始まるところから力みがとれず、声が飛ばないのが悩みでした。「高いところと低いところで、"自分の中の場所"を変えずに歌ってみてください」とご指導いただきました。まだまだ途中ですが、上昇しながらのクレッシェンドが自然で伸びやかになってきました。
　いつもワンポイント・アドヴァイスを受けると、どんどんラクに歌えるようになるのが本当に不思議で、感謝しています。自分が歌わなくても、他の方の歌がどんどん変化するのを見ることも、講座では毎回楽しみです。

## LESSON

レッスン曲目
山田耕筰：唄（詩/三木露風）

### 適量ということ

　母音、子音、息の量など、繊細なバランスをもう一度確認しましょう。あなたの声にとって、その部分を歌う"適量"とはどのくらいでしょう？ ほんの少しかもしれませんが、まだ多すぎるところがあるようです。

　歳を重ねるにつれて、詩の意味を深く理解し、表現したいことが増えてくるでしょう。その時に気をつけなければいけないのは、深いのは詩の解釈や表現であって、「声を重くすることではない」という点です。音色が深くなるのは、それは意識下で起こることです。年齢に関係なく、「常によりよいバランスを見極めながらトレーニングする」ことで、先に進むことができるでしょう。

　具体的には、「♪幼き子が」の箇所の中音部を少ししっかり歌いすぎていたために、高音部の「♪たれか」になった時に、歌いにくかったようです。「重い」「歌いにくい」と感じたら、「何が足りないのか？」ではなく、「何を少なくすればいいのか？」ということを、あなたのソマに問いかけてみましょう。

**一生懸命がいいとは限りません。
繊細なバランスに気づきましょう！**

# Case28

実践編5　言葉と歌うことの関係

## 息が足りなくなります

> " ・息が足りなくなって、喉が締まってきます。
>
> ピアノ教師・58歳・ソプラノ "

**PROFILE**
音楽大学声楽科卒業。自宅でピアノを教えている。

### ＼ Hiroko's 気づき ／

「息が続かない」時の理由はいくつか考えられます。ここでは、"からだからのアプローチ"ではなく、"音楽と言葉からのアプローチ"でレッスンしていきます。

### 今までのレッスン

**随分、歌いやすくなってきました**

　学生時代はルチアや「後宮からの誘拐」のコンスタンツェなど、今から考えるとかなりの大曲を歌い、大学の卒業演奏会は"Caro nome"でした。ウィーン国立音大に3年間留学し、その時のレッスンで印象に残っているのは"dehnen"すること。舌をやわらかく動かしながら音を"引っぱる"ように指導されたと思います。

　出産のために歌を休止。10年間のブランクの後で、歌おうとすると、思ったように声が出ません。「何とかしよう」ともがけばもがくほどあせるばかりで、うまくいきませんでした。

　そこで、「からだのつかいかたを体感できる」と思い、藁にもすがる思いで7年前にボディ・マッピング講座を受講しました。その後、毎月の個人レッスンを継続しています。当初より随分歌いやすくなって、息も続き出したのは確かですが、まだまだ課題は山積みだと感じています。

## LESSON

> レッスン曲目

F.Liszt：O lieb', so lang du lieben kannst !（詩/ F.Freiligrath）
おお、愛しうるかぎり愛せ

### 拍のとりかたと息の関係について

　リズムが苦手なわけではないのに、特に、有名な曲であったり、美しいメロディの場合に、また6拍子の曲の場合に、リズムに関する問題が起こってきやすいのかもしれません。いつまで経っても「拍を数える」ことが前面に出ていませんか？　すでにあなたのソマの中に、あるいは音楽そのものの中にリズムはあるのですから、それをわざわざ強調する必要はありません。音楽しましょう。"リズムに気をつけよう"とすると、均等に刻みすぎ、音楽することの妨げになることもあるのです。

　1拍目に、いつも同じ強さの重さをかけていませんか？　どのように音楽は進んでいきますか？　歌には詩があります。どのように詩は進んでいきますか？　==アクセントはどこにありますか？==　1小節目の第1拍と、2小節目の第1拍は音楽上の意味が違うので、あるいは詩の中での言葉の意味やアクセントの位置が異なるので、同じ強さにはなりません。

　もしピアニストが、同じ強さでいつも伴奏部の1拍目を弾いたら、「詩と音楽はどこに向かっていて、どこにアクセントがつくのか、あるいは、どこにアクセントがつかないのか」をきちんと示すようにしましょう。「==均等すぎる==」というわずかな間違いが、あなたの呼吸の持続を難しくしているのかもしれないのです。

## 拍の強さは
## 言葉によって変化します。

*107*

Case29 / 実践編5 言葉と歌うことの関係

# 「気持ちを込めようとする」と力が入ります

> ・気持ちを込めることと、発声の関係をもう少し明確にしたいです。
>
> 声楽家・43歳・テノール

**PROFILE**
プロフィールは前掲。P52

### 受講理由

　気持ちを込めようとすると、からだに変な力が入ってしまい、声が詰まったり、喉があがったりして、「ラクに歌えなくなってしまいます」。
　中音域以下のラクな音が続くフレーズの時に、下半身がすぐにさぼるという癖があらわれるので、今後はそこを自然に働かせられるようにしたいと思っています。

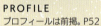
\\ Hiroko's 気づき /

回答はすでにあなたの質問の中にあります。

知らなければいけないことは何でしょう。

## LESSON

レッスン曲目

Salut! demeure chaste et pure
この清らかな住まい
（Ch.Gounod：歌劇「ファウスト」より）

### 言葉のつかいかたの影響

興味深いことに、左記の二つの質問の中にはすでに回答が見え隠れします。

オペラのクライマックスでの、"気持ちのこもった"テノールのアリアでは、「喉が詰まらない」ように歌えても、"ラクには"歌えないでしょう。なぜなら、それだけエネルギッシュな曲なので、ここでは"ラクに"という言葉は適しません。

一方で、中音以下の音を"ラクな音"と形容しているので（脳はそのように理解しているということになり）、からだがちょうどいい緊張感を見つけることができず、"さぼる・弱すぎる"のでしょう。「音楽はどのように進行しているのか」に目を向けましょう。

「理解するためにつかっている自らの言葉が、歌うことにどんな影響を与えるのか」は人によって異なるようですが、レッスンをしていると「できるだけ精確な言葉をつかうようにすることが大切」であることを日々、実感します。生徒に対する教える側からの言葉なら、なおさらです。

上記の質問では、「役の気持ちを込めようとすると、"バランスよくからだをつかって歌うことができない"または"エネルギッシュにのびのびと歌えなくなってしまう"」となります。どうでしょう？ 受ける印象や理解によって、次の一歩が違ってくると思いませんか？

そして、この質問に対する回答ですが、「気持ちを込める」前に、知らなければいけないことが足りないようです。どんな性格の誰が歌うのか、どんな場面での、誰に対しての、どんな気持ちなのか、内容を丁寧によく考え、自分なりによくかみ砕くという作業がまずは必要です。

# 理解する時、自分でつかう言葉の大切さを知りましょう！

# Case30 実践編5 言葉と歌うことの関係

## 高音までなめらかに声が出るようになりたいです

> ・低音から高音まで、なめらかな声が出るようにしたいです。
> ・ブレスが短いのですが、どうしてでしょうか？
> 
> 声楽家・45歳・メゾソプラノ

**PROFILE**
音楽大学声楽科卒業。大学院では音楽教育を専攻。オペラでは、アンニーナ（「椿姫」）、ケイト（「蝶々夫人」）、ケルビーノ（「フィガロの結婚」）役で出演し、オラトリオやミサのソリストとしても活動。現在、オペラ劇場付き合唱団に所属すると同時に、中世から現代に至る幅広いレパートリーで、ソロ・アンサンブルの両面で、数多くのコンサートに出演している。

### ＼ Hiroko's 気づき ／
舌のつかいかたと上唇のつかいかたを少し変えることで、より効率よく声を出すことができるのではないでしょうか？

### 受講理由
アンサンブルや合唱の仕事では、メゾソプラノということもあって、高音をつかう機会はあまりありませんでした。しかし、将来的なことを考えて、「声を健康的に維持するとともに、発声を見直したい」と、5年前から川井先生の個人レッスンに通いはじめました。

### 今までのレッスン
指導の立場から最初に受けた印象は、「メゾソプラノでも、少し声を重くつかいすぎていて、高い音が出にくくなっている」、「声帯の伸展機能をあまりつかっていないのかな」、ということでした。

そこで、音域が広く、アジリタの機能を多用するオペラアリアを歌うことを勧めました（例えば、ベッリーニ「モンテッキ家とカプレーティ家」のロメオ、ロッシーニ「ツェネレントラ」のツェネレントラのアリアなど）。

そして、ただそのアリアを歌い通すのではなく、ベルカントの"作曲家の持つ声へのインスピレーション"の恩恵を最大限に受け入れて、音楽を表現しながら、「声帯やからだ・呼吸の機能をよくする」ことを指導の中心にしています。

すると、本人からは、次のような効果があったと報告がありました。
・「からだ全体でバランスをとって歌うことが必要」であるとわかりました。これまでは、「パワーや勢いなどで歌う」と漫然と考えていたようです。
・声の疲れがほとんどなくなりました。
・ウォーミングアップを行うことで、「コンスタントに、比較的よいコンディションで声が出る」ようになりました。

指導者の私からは、「声帯の伸展機能がよくなった。何よりも、高音部の音域が広がって、音色に多様性が出てきた」と感じています。

## LESSON

レッスン曲目

Nacqui all'affanno, al pianto　悲しみと涙のうちに生まれて
（G.Rossini：歌劇「チェネレントラ」より）

### 子音"n"の舌の位置

　ロッシーニのこのアリアは、最初の出だしの"Nacqui all'affanno, al pianto"から、精確な舌と唇の動きが必要です。日本語にはこのような組み合わせがありません。

　子音は、「母音の流れの中で、母音を妨げる動きをする」ことで言葉をつくります。"n" "l" "f"は母音の流れを止める子音の動きですが、母音と同じように、息の流れも必要です。子音を適切に発音することが、「レガートで、しかも言葉がよくわかる」ことにつながります。

　子音の"n"は、舌の先がどこに触れる動きでしょうか？
　時々、「舌の多くの面積が硬口蓋の真ん中付近につく」と勘違いしている人がいますが、「子音の"n"は、上の歯の付け根に、舌の先端がつく動き」です。

　もちろん、言語によって、あるいは音の高さによっては、"ng"のような軟口蓋の動きや舌の面積を広く付着させることもありますが、多くの場合は舌先の動きです。何より舌の接着面積が広いと舌の動きの敏捷さがなくなり、母音の響きを妨げやすいので、注意が必要です。

**子音"n"と上唇の動きの癖に原因があるようです。**

111

# Case30　実践編5　言葉と歌うことの関係

## 高音を歌う時の癖をとろう

　高音を歌うにしたがって、「上唇が下に向かって伸び、かぶるような動きをする」癖があります。以前、トマティス博士[*1]から、「上唇の動きが内耳のアブミ骨筋と関係して、歌う時の耳の働きに影響する」ことを聞いています。ボディ・ワークの分野では、「口輪筋(こうりんきん)のつかいかたが腹筋群へのつながりと関係する」とも言われています。

　今、癖になっている動きを取り除くために、「上唇が内側に巻き込まないよう、右手の親指と人差し指で、前にめくって歌う」ことを

試してもらいました。すると、すぐに、高音部がこもることなく、出やすくなりました。

　"上唇がかぶる"("鼻の下が長くなる")動きが起こる人は、一度試してみてください。「このような状態で何回か歌い、次に、手を放して歌う」を繰り返すことで、他の筋肉に何の弊害も起こすことなく、「上唇がかぶる」という癖をなくすことができるでしょう。これは、唇にその動きをさせないように訓練するという、ソマからのアプローチと言えます。

## 今後の練習方法

　この癖が改善されると、歌う時に最も大切な"レガートの質"もあがってくると思われます。同時に、胸のつかいかたや首の状態にもよい影響が起こってきました。

　「ブレスが長く続かない」原因は、横隔膜が動きにくく、肋間筋(ろっかんきん)や大胸筋(だいきょうきん)、あるいは首の筋肉を第一につかって、呼吸をコントロールする傾向があることです。

　また、息が足りなくなって、からだが硬くなり始めているのに、無理やり歌い続けることがあるのではないでしょうか？　心当たりはありませんか？　ひとりで練習する中で、癖が出ないように気をつけながら、少しずつあなたのソマのつかいかた、動き、働きかたを変えていきましょう。

*1 Dr.Alfred Tomatis(1900-2001)　『うまく歌える『からだ』のつかいかた』P103

# 第 7 章

## 歌うソマへのレッスン
## 実践編6
## 声のトラブルからの脱出

「もう歌えない」と思っても、あきらめない
でください。必ず、あなたに合った解決方法
があります。人間は複雑です。だからその分、
能力があると言えるのです。

Case31 　実践編6／声のトラブルからの脱出

# 声帯ポリープがあっても歌っていいですか？

"
・幼稚園で園児たちに歌を指導していると、声が嗄れることがよくあります。子どもたちへはもちろんのこと、指導の際の、効果的な声のつかいかたを知りたいです。
・合唱指揮をする時、上半身がこったり、固まってしまうことが多いです。
"
合唱指導者・49歳・ソプラノ

**PROFILE**
音楽大学専攻科修了。オペラスタジオ研究生修了。コンクールの入賞歴があり、ミラノでも短期オペラコースに参加。演奏活動をしながら、合唱指導者として2つの団を指揮し、個人レッスンでも専門家からアマチュアまで、また歌声サロンや幼稚園でも歌を指導している。

＼ Hiroko's 気づき ／

習慣になっている「反応」によって、からだが硬くなることが多いようです。特に、首です。それが歌声に、直接、影響を与えています。

### 受講理由と今までのレッスン

**声帯ポリープの治療中にレッスンを受け始めました**

1年前から急に仕事量が増え、からだに疲れをためたまま、特にケアせずに教えていると、たびたび声嗄れするようになりました。川井先生の講座のことを初めてチラシで知って申し込んだのは、この時期です。

一方、近くの耳鼻咽喉科に行くと「声帯ポリープができている」と診断され、「1週間後にすぐに手術を」と言われました。

講座日は声帯ポリープと診断された翌日でしたから、そのことを話し、「講座を欠席します」と連絡しました。ところが川井先生は、「声帯ポリープは切らなくても治ると思うし、体力的に大丈夫なら、講座はもちろん個人レッスンにも一度来てみたら」と言われました。

そして、別の耳鼻咽喉科でセカンドオピニオンをお願いすると、「切らずに治る」ということでした。ステロイドの投薬が最初の2週間くらいあり、「安静にして、"ため息"のようにやわらかく発声を始めるように」言われました。

川井先生の初めての個人レッスンは、そんな声帯ポリープの治療中で、話し声もガサガサしている状態でした。レッスンは、体操でからだをほぐすことから始まり、その後、無理のない低い音程で、やさしく歌いはじめるように言われました。"声帯が振動してくる"感じがしました。今までにない感覚でした。「ガサガサかすれてもいいのよ」と言われた時は、思わず涙が溢れたのを覚えています。「きちんときれいに歌わないと！」という長い間の呪縛から解放された瞬間でした。半年前のことです。

その後、首の緊張を取るにはどうしたらいいのか日常生活での注意を受け、からだのことと声の関係が少しずつわかりはじめました。すると、声も回復していきました。

しかし、合唱指導など声をつかう仕事が増えて、無理がかかるとまた歌声はおかしくなります。でも、以前のような声嗄れをすることはなくなりました。

# LESSON

> レッスン曲目

You raise me up（B.Graham作詞、R.Løvland作曲）

### 厳しすぎませんか？

（1回歌っていただいた後に）
Hiroko（H）：ご自分ではどうでしたか？
Student（S）：やってきたのに、うまくそこに入りません。うまくできなかったと思います。
H：それは、"厳しすぎる"からではないでしょうか？
S："厳しすぎる"……??
H："厳しすぎる"とは、最初から「完成されたもの」「目標」をやろうとしすぎている、ということです。まずは、「コントロールしない」ことが大切です。とりあえず、やってみるのです。"からだを放っておく"と、そこに新しいことが起こるチャンスが生まれます。
　声をウォームアップする場合、最初は思ったようにできないかもしれません。しかし、それでいいのです。ウォームアップなのですから。ソマには、ある程度の時間が必要なのです。常に時間に追われている状況ではありませんか？

「正確にできるようになる」ことは大切ですが、今やっているような"厳格さ"は、からだを動きにくくしてしまいます。自分でいくら「こう歌おう」としても、からだは言うことを聞いてくれないどころか、ますます逆の方向に行ってしまいます。それはなぜだと思いますか？

それは、これから出てくる"結果"としての声を、厳格に先に決めてしまっているからです。しかもそれは、"あなたが理想と考える声"であって、"自分の声に基づいたものではない"からです。

（次ページへつづく）

**「完成された目標」を短時間で目指しすぎていませんか？**

第7章　実践編6　声のトラブルからの脱出

115

今のソマに気づき、ソマのペースでやっていくしかありません。すると、声についてもっとわかるようになるでしょう。つまり、あなたが注意を向けるべきところは、今、ここにあるソマと変わりゆく"プロセス"であって、"結果ではない"のです。

## ウォーミングアップのしかたについて

H：あと少しで家を出なければいけない時、「時間がないから…」と、あせって発声練習をしてもうまくいかないでしょう。普通に声出しを始め、時間になったので家を出ました。前者と後者とでは大きく異なります。前者では、あせることで、からだを固めて声を出しただけですが、後者はたとえ短い時間でも、ウォームアップしたことになります。"強制"ではなく、"方向づける"ことで充分なのです。

## ソマに尋ねましょう

H：根本的に、声を出す時、「何か足りない」と思っていますか？
S：はい、「ささえが足りないから、声に響きがない」と、いつも思っています。
H：実際に起こっていることは、「いつも足りない」という思いが影響して、「お腹を締めすぎている」ことです。「足りない」と思っていることで、「お腹を締めすぎ」、さらに「首や喉をぎゅっと締める」結果につながっています。歌おうと思った瞬間、首の緊張が「喉に不必要な反応を起こさせている」のです。

　歌う前から、「足りない」と決めつけてはいけません。その都度、ソマに「どうなのか？」「どのくらい必要なのか？」と尋ねるような気持ち、余裕が必要なのです。

　では、「どのくらい足りない」のでしょう？　でも、あなたはそれをまだ本当に知らないと思います。それなのに、頭では「足りない」と思ってしまっているのです。大切なのは、実際に「どのように、どのくらい、足りないか」に気づくことです。どうしたらそれに気づくことができるのか、わかりますか？

　それには、今の状態を"認める"ことです。最初から完璧に歌おうと、今までのことを頭に思い浮べ、注意して歌いはじめないでください。足りなければ、増やせばいいのです。しかも実際は、"足りないのではなく、多すぎる"のかもしれません。

## 「保つ」とは？

"響き"や"ささえ"など、歌う時に「保つ」必要のあることは多いのですが、あなたの場合は、どうしてそれが「保てない」で「落ちている」のでしょう？

それはあなた自身が、「本当のバランスよりも多めに"保とう"としている」からです。多すぎるのもよくありません。"実際に必要なこと"と"思っていること"がずれているのです。

たとえ少なくても、「自分でできること」をまず試みることが大切なのに、自分ができることより「ちょっと多めに保とうとする」からできないのです。ソマの観点からは、「少なめに始める」のがよいのです。練習を重ねることによって、音楽が適量を教えてくれるでしょう。

H：では、歌ってみましょう。最初は、「できなくていい」「保たなくていい」と思って、歌ってみましょう。
S：あれ、どうしてかなあ⁈　先ほどよりも今のほうがずっとよく声が出ます。

S：この撮影から半年余り。レッスンでは、毎回、キツネにつままれたような体験をしています。なぜならば、自分が思ったことをしないほうがうまく歌え、私にはいまだによくわからないからです。しかし、声の調子は明らかによくなってきているのです。

> **COLUMN**
> **エンド・ゲイニング End-Gaining 目的至上主義とは？**
>
> シェイクスピア劇の朗誦者で、《アレクサンダー・テクニーク》の創始者であるF.M.アレクサンダー（1869-1955）は、「エンド・ゲイニング End-Gaining　目的至上主義」について、次のように述べています。
>
> 「エンド・ゲイニング」とは、「目的を達成しようと思うあまり、結果のみを追うこと」で、人間の意識のよくない習慣のひとつです。これでは本来の目的を達することができません。
>
> それをかなえるには、直接それだけを追うのではなく、「現在の状態に"気づき"、どうしてそれが起こっているのか筋道を立てて考え、習慣的反応を抑制し、そのプロセスをひとつひとつ歩んでいく」ことが必要です。"結果"ではなく、"プロセスへのアプローチ"は、何よりもよい結果をもたらします。
>
> あせらず、続けましょう。きっといいことが起こるでしょう。

*1　マイケル・ゲルブ著：ボディ・ラーニング（誠信書房）1999, P75

# Case32

実践編6
声のトラブルからの脱出

## まったく声が出なくなりました

" ・普通に話せるのに、歌うとまったく声にならず、ショックです。

主婦・63歳・ソプラノ "

**PROFILE**
音楽大学声楽科卒業。卒業演奏会の曲はDonizetti: La Zingara, H.Wolf: Die Bekehrte, Händel: Rejoice greatly (from "Messiah")。

### ＼ Hiroko's 気づき ／

＊「意識がやりたいこと」と「ソマ自身がやりたいこと」の間に、大きなズレがあるのがわかります。特に、「大きな声を出そう」「高い声を出そう」とすると、声帯は"歌いたくない"と抵抗しているようです。

### 受講理由

　33歳の時に地元のオペラ協会に所属して、重唱を中心に、たびたびコンサートに出演しました。「椿姫」「ラ・ボエーム」「トスカ」「夕鶴」を全曲学ぶ機会があり、立派な声を持つテノールの先生に合わせて、ヒロインのソプラノ役を歌いました。すると、どうしても低音部を無理してしまい、次第に低音から中音への声のチェンジができなくなりました。それでも、1年半、この勉強会は続けました。

　その後、結婚・出産・介護などが続いて歌うことを中断しましたが、5年前、57歳の時に本格的にオペラを歌うことを再開しました。すると、以前のように、高音が出ず、大きなショックを受けました。

　しかし、舞台に立ちたかったので、「合唱ならば大丈夫だろう」と思い、その1年後にある合唱団に所属しました。そこはとても厳しいアカペラ合唱団で、ノンヴィブラートで歌うことを強要されました。さらに、今までひとりで歌ってきた私は、「みんなに合わせる」ことに大変気をつかいました。そして、みんなに合わせようとすればするほど緊張し、声の揺れがひどくなっていきました。1年後には、ついに"声に雑音が混じる"までになりました。

　音声外来を受診したところ、「声帯そのものに異常はないが、高音になると声帯が見えなくなる」とのことでした。医師に勧められるまま、月1回の診察と病院でのヴォイス・トレーニングを開始しました。言語聴覚士によるトレーニングで、毎回30分、ストローで水を吹いたり、リップロールをしたりと、いろいろなことを教わりました。

　ところが、声の状態はよくなるどころか、自分の歌う感覚すらわからなくなりました。そんな状態が続いていた1年前の61歳の時、川井先生の本を読んだことをきっかけにレッスンをお願いしました。

### レッスンの前に

＊音声外来の受診を勧めました。すると、「歌おうとすると全体的に喉頭が狭くなり、特に高音になると仮声帯が張り出す」との診断で、「病名をつけるのは難しい」とのことでした。

＊「仮声帯が張り出す」という具体的な動きの指摘はレッスンの大きな助けとなり、「発声上の混乱を取り去った後、"彼女の歌う感覚を元に戻すこと"」を目標としました。

## LESSON

「まったく歌声にならない」とのことでしたが、「何でもいいから」と少し歌っていただきました。すると、声は通常の女性の声より1オクターブ低く、音程も3度ほどしかなく、歌声になっていませんでした。

Hiroko（H）：無理をして歌ったのですか？
Student（S）：はい。テノールの先生とも、アカペラ合唱団でも無理をしていました。でも、その時は、すぐにやめられない環境にあったのです。
H：病院でのヴォイス・レーニングはいかがでしたか？
S：言語聴覚士の先生は親切で、一生懸命いろいろなことを教えてくださったのですが、私には何もわかりませんでした。そのうち、自分の歌う感覚がわからなくなって、ますます声がおかしくなってきました。

### 少しでも歌える音域をさがしました

発声練習をいくつか試みましたが、変化が起こりませんでした。パターンが同じである発声練習の音型を使用すると、視野が非常に狭くなり、目が座ってきてよくないと判断しました。

そこで、好きなメロディを歌うように指示しました。そうすることで、彼女自身がもともと持っている歌う感覚へアクセスしようと試みました。

◎**声が裏返っても、きちんと声にならなくても、大丈夫**
◎**大きな声ではなく、無理のない音量で**
◎**やさしく、やわらかく**

を注意して歌うように指示しました。　　　　（次ページへつづく）

## 新たに"よい発声法"や"歌声"を探すのではなく、自分の声に戻りましょう。

首や顎をほぐす体操、スクワットなど下半身をしっかりさせる体操を試しました。

立つと肩などにも余計に力が入りやすいので、座っての練習を勧めました。


## その後の経過1（半年後）

少しよくなると、「早くよくなりたい」とますます練習するようで、それが無理をすることにつながり、行きつ戻りつの状態が何カ月か続きました。しかし、そうではなく、「自分ではたとえ物足りなくても、"からだを安心させる"ことが最も大切」と説明し続けました。「確実に訓練し、元の感覚に戻すことが必要だ」と理解してもらうのに、数カ月かかりました。しかし、彼女がそれを理解した途端、彼女の"ソマと声"が、突然、変化し始めました。

半年後、3回目の音声外来を受診すると、「仮声帯の張り出しが随分減ってきた」との診断でした。声はまだ揺れていますが、高音も少しずつ出るようになり、音を伸ばせるようになってきました。本人にも「自分の歌う感覚が戻ってきた」という自覚があり、表情が明るくなりました。

## その後の経過2（1年後）

ある程度はよくなってきたものの、ここから進まないのは、「彼女のからだの"左右のアンバランス"にあるのではないか」と思われました。そこで、そのことに詳しい別の医師への受診を勧めました。

今度の耳鼻咽喉科医はからだ全体のバランスを診察し、左の奥歯に装着するようにと小さなプラスチックのマウスピースをつくってくださいました。家事をしている時などに数時間つけておくだけです。わずかなことなのに、歌うことがラクになったようです。

また、口の中にも手を入れて、口や首など咽頭周辺の筋肉の緊張の具合を診察されました。最初の診察では、どこを触られても飛び上がるほど痛かったのが、マウスピースを装着し、2カ月後の診察ではほとんど痛くなくなったそうです。

声楽のレッスンでは、息が流れやすくなり、声が出やすくなっていることが感じられました。明らかにからだの左右バランスがよくなっているのもわかります。

この頃から、イタリア歌曲集からではなく、彼女が共感するオペラアリアの旋律を部分的にではありますが、歌ってもらうようにし

ました。なぜなら、彼女の"表現したいという気持ち"を、声のトレーニングの際にいつもいっしょにあるようにしたかったためです。それが、声の回復を助けるように思われました。

彼女の声には、まだ不必要な揺れが幾分あります。音楽に寄り添いながら、とにかく息の送りが乱暴にならず、"音を細く"とるように促しています。これは、一般的に、ベルカント・オペラを歌う時の注意と同じです。私の耳には、喉頭周辺のどこかのわずかな筋肉がまだ解放しきれず、無理をして歌っていた時の動きの癖がそのまま出てくるように聞こえます。しかし、この方向性と調子で行けば、間もなくこの不必要な揺れは起こらなくなるのではないかと思っています。

大切なのは、「よりよい声の出しかたを"新たに"指導すること」ではなく、「彼女の元の歌う感覚にアクセスし、自身の歌いかたを取り戻す方向で助けること」でしょう。それにしても、ここまで戻ることができたことに、ソマと声の多大なる潜在能力ともいうべき可能性を感じずにはいられません。

もしあなたが今、声が出にくくなっているのなら、信頼すべきはあなたのソマだということを思い出してください。なぜなら、調子が悪くなっているのは、「あなたのソマの感度がいい」からなのですから。

## COLUMN
### 息はいらない?!
ある日のレッスン。
音楽大学声楽科卒業、ソプラノ、30歳。
♪レッスン曲目：Ne ornerà la bruna chioma　褐色の髪を飾るでしょう（G.Donizetti作曲、作詞者不詳）

Hiroko（H）：息をそんなに吸わないほうがいいのでは？
Student（S）：先生、でも、私はすぐに息がなくなるので、吸わないともっと足らなくなると思います。
H：そんなことないわよ。吸いすぎているから吐けないのよ。
S：えっ?!
H：じゃあ、とにかく一度、試してみましょう。あんまり吸わないで。今、息を吸い込む音がしているよねえ。それがしないように、少なめにするとどうかな？
S：（ワンフレーズ、歌う）
あれっ？　あんまり吸わなくても、息が続く感じは、先ほどとほとんど変わりません。
H：まだまだ吸う量が多いと思うよ。それに、もっと次々、歌わなきゃあ。音楽して〜！
S：…？
（H：彼女の頭を"後ろ上に軽くひっぱるように"持つ）
H：今度は、"自分では吸わず"、ブレスのところでは、ただ止まって、それから次のフレーズをただ歌いだすとどうかな？
S：（しぶしぶ？　そのように歌いだす）
H：（彼女の頭をひっぱるのはやめて、彼女の横に行き、彼女が歌いだした後すぐに、いっしょにフレーズを歌って、音楽が進むよう促す）
S：先生、何が起こったんでしょう??
"息を吸ってもいない"のに、最初より息も続くし、声も出ますし、苦しくないし…。
H："息が足りないから、もっと吸おう"と思ったのは、頭よ。でも、"ソマの理論"はそうじゃないのよ。"息を吸っていない"と思ったのは頭で、実際には息は十分足りていたの。
　それと、横で私が頭を持っていたけど、これ、何をしているか、わかる？　ここもポイントよ…。

# Case33

実践編6
声のトラブルからの脱出

## 手術をしても
## 声が出るようになりません 《声帯溝症》

" ・ミュージカルの舞台で、声のトラブルが始まりました。

俳優・48歳・バリトン "

**PROFILE**
大学での専攻は演劇。卒業後、ミュージカル劇団に入団。1年半で退団し、フリーに。

### 受講理由

　子どもの頃から歌が大好きで、いつも歌っていました。大学は演劇学科。ミュージカルのサークルで舞台経験を積み、卒業後、ミュージカルの劇団に入団しました。

　声については、いつの頃からか、コンプレックスを抱くようになっていました。子どもの頃は女の子のような高い声でしたが、声変わりで急に低くなりました。しかし、その声を受け入れることができず、わざと高い声を出していました。

　今から考えれば当然ですが、その状態では大きな声を出しにくかったため、先生たちから「声が小さい」「声が通らない」と言われていました。自分としても「大きな声を出すのが苦手だ」と思っていました。

　ミュージカル劇団では、いくつかの作品に出演しましたが、理想とのずれを感じ、1年半で退団しました。その後、映像や舞台に出演。ミュージカルにも継続して出演しました。ハスキーな声でしたが、高音は出ました。「歌はうまい」と言われ、自分でもそう思っていました。その一方、「喉の筋肉を鍛えれば、もっと声が出るようになる」とも考えていたと思います。

　ところが、7年前のある舞台で、急に声が出なくなることがありました。その後もたびたび声が裏返るようになり、恐怖と極度の緊張が続きました。そしてある日、とうとうセリフのワンフレーズが本番で消えてしまいました。それからは、声が出なくなるイメージが付きまとい、「本番で起こったらどうしよう」と気の休まる暇がありませんでした。

　耳鼻咽喉科を受診すると、「声帯溝症」*1と診断されました。

　とにかく「早く治したい」と思い、自分で希望して、声帯にコラーゲンを注入する手術を受けました。すると、次の日には簡単に声が出ました。生まれて初めて、声を出すのがラクなことを知った思いがしました。

　しかし、コラーゲンは吸収されるので効果は1年も持たず、半年ほどで元のハスキーな声に戻ってしまいました。それでも舞台を続けながら、ヴォイス・トレーニングにも通いました。「声帯を締める発声法」のトレーニングでは驚くほど効果があり、声が出るようになりました。しかし、役の気持ちになるよりも、「声が裏返らないこと」「声が消えないこと」に注意が向いてしまい、次第に"役者でいる"意味がわからなくなっていきました。

　2年前、「失敗したら役者をやめよう」という覚悟で再手術を決意。全身麻酔による、喉に鉄の管を挿入しての手術でした。麻酔が切れた時には、喉の痛みと呼吸困難で頭がもうろうとしました。決死の覚悟で臨んだ手術だったのですが、その後もまったく声にならず、心が折れそうでした。

　1カ月半後の舞台は何もかもがバラバラのまま。それでも本番はこなしました。

　その後1年間、舞台から遠ざかりました。そんな時、友人の勧めにより、川井先生の個人レッスンを初めて受講しました。

---

*1　声帯溝症(せいたいみぞしょう・せいたいこうしょう) Sulcus Vocalis
正式には「せいたいこうしょう」と読むが、わかりやすい「せいたいみぞしょう」を採用した。「声帯粘膜が萎縮し、声帯が振動する時の閉鎖期に真ん中に隙間ができ、溝のように見える症状」を指す。

## 今までのレッスン

### 指導する立場から

　発声練習をいくつか試してみましたが、本来の目的から外れてしまうことがしばしば。そこで、何かよい方法はないかと考え、オペラアリアを歌うことを勧めました。

　ここではいくつかの選曲のポイントがあります。音域的に歌いやすく音楽的に難しくないもの、彼の声にとって重くないもの、深刻な内容ではなく、ソマにとって健康で、楽しい曲であることです。初めてのクラシックの曲、初めてのイタリア語という、彼にとってまったく新しいことが、今までの癖に陥ることを防ぐだろうと思えました。そして、その予想は的中しました。

　プロの役者さんということもあって、音楽への感度ともいうべきものがよく、「音楽する中で、よい方向に導いていける」ことを実感しながら、レッスンを進めることができました。

　舞台で歌う曲を直接レッスンするのではなく、「"自分は歌える" という体験を積むこと」を目的に指導しました。「<mark>できるという体験</mark>」から、自信がつくであろうと。それによって、自分の声やからだのバランス、あるいは「どのようにすれば声がよく出るのかが、自然にわかるようになる」「ピンとくるだろう」と思われました。

### 3回レッスンを受講しました

　最初のレッスンでは、「クラシックの先生に学ぶのは初めて」ということもあって、とても緊張しました。しかし意外なことに、声を出したのは少しだけで、歌声以外のことについていろいろ尋ねられ、以下のようなアドヴァイスを受けました。

①上半身だけを鍛えていて、脚とからだがつながっていないようです。脚が弱いことが原因で、「からだ全体のバランスがよくない」ように見えます。

②表面的に格好よく見える筋肉の鍛え方で、「舞台人として、歌や演技に本当に必要な部分を鍛えていない」ように思えます。

③本当は"よい声"なのに、「声をつくって、うまく歌えるように見せようとしていること」が、逆に"よい声"が出るのを邪魔しているようです。

④自分のからだをもっと大切に。皮膚が繊細とのことですが、それならそれに合わせてちゃんと対策を立てましょう。自分に合った対策を立てれば大丈夫です。それがプロというものではありませんか？

⑤なぜ「暗く、大人っぽく、歌うこと」をいいと思うのでしょう？あなたの声は、「ニュートラルな状態は、もっと明るい声だ」と私は思います。

⑥歌う時に視野が狭くなっています。それが声を運びにくくしています。もっと広い視野で歌いましょう（▶本書 第2章 Case03　P40）。

⑦日常生活では、声のことばかりを気にしないで、いろいろなことに興味を持ちましょう。演技や声のヒントになることは、あらゆるところにたくさんあります。

⑧発声練習では"練習をやめるタイミング"も大切です。勇気を持って、練習を中断したり、終えましょう。

⑨「声が出ない」、だから「自分で何とかして、声が出るようにする」と考えないでください。「今、声が出ない、出にくい」という状態を受け入れましょう。また、声が出ないことで自分を責めるのはやめましょう。その状態を受け入れることができた時、そこから新しいことが始まります。

⑩<mark>「声を出そう」</mark>と努力しないでください。息を流せば、声帯は振動を始めます。振動が始まるのを待ちましょう。最初はガサガサしていたりして、自分の思ったような声ではないかもしれません。でも、それでいいのです。

　「はっきりとズバズバ言われた」という印象があまりにも強く、その時はただ驚き、受け入れるのに時間がかかりました。しかし、帰ってレッスンの録音を聴き、落ち着いて自分と向き合うと、これらの指摘に耳を傾けることができました。

　すると、不思議なことに、自分を受け入れることができ、次の舞台へ向かって進んでいくことができました。個人レッスンを3回受講した後、1年ぶりにミュージカルの舞台に立ちました。

　自分のからだの感覚をしっかり持つことは、気持ちが安定し、声だけでなく、ダンスや演技など、すべてにつながることを体感しました。完全に復帰するためにも、適切なトレーニングを積んでいきたいと思っています。

　生まれて初めて、イタリア語でクラシックの曲（しかもオペラアリア！）を歌いました。理由はわかりませんが、とにかく声が出やすいので、楽しいです。そして、今まで経験したことのない明るさや生命力のようなものを感じながら、「自分の声帯が、陽気に、かろやかに動く」ことを実感しています。

# Case33　実践編6　声のトラブルからの脱出

\ Hiroko's 気づき /

＊驚くほど、声がよく出るようになっています。
＊初めて歌うクラシック曲、初めてのイタリア語とは思えません。でも、もっと声を簡単に出す方法があります。

## LESSON

レッスン曲目

Non più andrai, farfallone amoroso　もう飛ぶまいぞ、この蝶々
（W.A.Mozart：歌劇「フィガロの結婚」より）

　「自分で何とかしようとする」のは、やめましょう。気合いを入れて歌うのではなく、「どのように声が出るのか」「自分にはどのようなバランスがちょうどいいのか」を、もっとソマを信頼して、直接的に体験しましょう。

After1：そこで、この日はピアノにもたれて歌うことを提案しました。楽しそうですね。声ものびのび出ています。

After2：椅子を持ち上げながら歌ってもらうことで、下半身がつかえること、視野も狭くならず声が出やすいことを体験してもらいました。

**工夫する必要はありません。**

## 今後の練習方法

変化はわずかなことから始まるでしょう。すぐにできるようになること、大きな変化を期待しすぎてはいけません。できる時はバランスが取れているので、自分では"特に何もしていないように感じる"のかもしれません。しかし、それでもどのくらい歌えているのか、その状態に"気づける"ようになるでしょう。

歌を指導するものとしては、手術の前にできることがたくさんあると、声を大にして言っておきたいです。もちろん、専門医の適切な診断が必要なことは言うまでもありません。

しかし、「声帯は一時ブヨブヨで、まったく振動しなかったのに」、今は"振動を取り戻している"ことに、ソマ本来の力とすばらしさを感じない人はいないでしょう。しかも、以前よりも歌声は成長しています。ご活躍を祈っています。

「苦しい」「前に進めない」と感じた時は
"何かを変えるチャンス"です。
何かに打ち勝つべく、
気合いをいれて早くよくなろうと努力するのではなく
"努力をしないで声が出るように
訓練すること"が必要です。

# Dr.三枝の
## メディカル・コラム

## 身体バランスと声帯振動について

　声帯振動は、「声帯粘膜が声帯靱帯の上を撓（たわ）むように振動する現象」です。声帯自身の問題から声帯振動に影響が出ることは容易に理解できますが、声帯以外の要因からも声帯振動に影響を及ぼすことは極めて重要です。

　声帯靱帯は、上端が声帯辺縁の粘膜深部に起始し、下端は喉頭の下方の軟骨（輪状軟骨）に終止するという構造をしています。このため、声帯の前後方向の緊張以外に、声帯辺縁の上下方向に働く外力の程度によって、声帯靱帯の硬さが変わります。

　喉頭は上方が顎（下顎骨）に、下方が胸骨に連結しています。自在な声帯振動を得るためには、「喉頭が上下方向に固定されることなく、声帯靱帯の硬さがほどよい状態に維持されていること」が望ましいといえます。その喉頭と連結する顎と胸骨との関係は、顎は頭蓋に連結し、胸骨が胸郭を介して脊柱に付着していることから、「頭蓋と脊柱との関係」と言ってもよいことになります。

　人間の脊柱は、下方に向かうほど太く、大きくなる24個の背骨（椎骨）が連結したもので、最下方では互いに癒着し、脊柱の直立を支持しています。そして、側面から見ると、前後にS字状をなすことで歩行する時の脊柱の前後の揺らぎに対応できるようになっていて、身体の動きに対応できるという点でも安定しています。一見理にかなった構造に思われますが、実は脊柱の上には最も重い臓器である脳を収納する頭蓋を載せているという、極めて不安定な設計であります。

　しかし、直立することで視野が拡大し、頭蓋の正面に両眼が並列することで立体視や距離感が得られるので、身体移動から解放された上肢による、器具ひいては楽器の使用が可能になったともいえます。

　このように、人間の脊柱は、側方から見るとS字状を呈していますが、正面方向からは、両眼の視野を維持するために、頭蓋を正面に保とうとする脊柱の左右方向への彎曲（わんきょく）と、自由になった肩〜上肢、顎によって、身体バランスの調節が行われています。左右への動きが連続的に行われる時にはほとんど問題はありませんが、重心が左右どちらかに偏ったままになっていると、身体バランスを維持するために、脊柱と肩、顎周囲の筋群に不必要な筋緊張が起こります。こうなると、当然、声帯靱帯の上下方向への外力の程度も変わってくるので、声帯振動に影響が及ぶことになります。

　また、左右の視力や視野、顎や肩、足の構えのアンバランス、脊柱の彎曲の度合いなどが変わってきた場合にも、身体全体の直立を維持しようとするために、同じ現象が発生する可能性があります。

　これに気づかないまま歌唱を続けていると、努力しようと思えば思うほど、「不必要な顎、肩周囲の筋緊張が起こる」という悪循環に陥ってしまいます。その場合、身体の左右のバランスが乱れている原因を探り、それを解除することが優先されることは言うまでもありません。

# 第8章

# 続・つかえる解剖学

"歌えるあなた"には解剖学は必要ないかもしれません。でも、知りたい時、迷った時には、手掛かりのひとつとなります。
学んだ人は、手放してください。すると、さらによいことが起こるでしょう。

# *1* 横隔膜再考

　横隔膜は、お腹にある膜ではなく、肋骨の中にある筋肉です。肺と心臓のすぐ下、胃や肝臓のすぐ上に位置します。"歌う呼吸"のためにもっとも大切な筋肉のひとつで、繊細で複雑に動きます。

　歌う私たちは、横隔膜の動きを、肋骨下部や腹部周辺の動き、時には"喜びでやわらかく波うつような胸の動き"として感じるでしょう。あるいは、背中や脊椎全体の動きとして感じる人もいるでしょう。

　肋骨下部の動きは、腹横筋を横に、前にと張り出す動きを含んでいますし、腹部周辺の動きとは、内腹斜筋と外腹斜筋の働きも指します。脊椎全体の動きには、骨盤の動きが連動し、骨盤底筋群もこれらに呼応します。

　さらに、ソマのもっと下のほうに注意を向けると、脚の筋肉や足の裏にかかる体重移動によって"歌う呼吸の動き"を感じ、コントロールしている人もいるでしょう。

　脚・足の感覚は歌う時に重要です（▶本書 第8章6　P137）。なぜなら、立っている時、足は床、地面つまり地球と接する唯一の部分なのですから。

　心臓が心を象徴するように、その真下にある横隔膜の動きに「歌う心も、呼吸の中心も置けるようになる」と、かつて木下武久氏は言われていました。

　プロの歌手なら、これらの動きはすっかり意識下に置かれ、役になりきって、感情を吐露するでしょう。


　横隔膜の存在は、あなたの歌う体験とともに、進化を深め続けるでしょう。あなたのソマは、確かで心地よいものとして、横隔膜を理解するはずです。

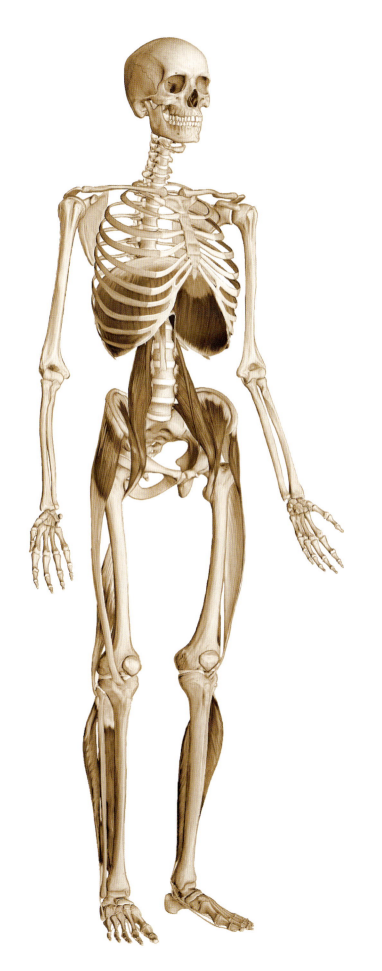

第8章　続・つかえる解剖学

## 2 "背中"はありますか？
～前鋸筋と菱形筋の役割～

　肋骨の外側には、背中と横・前面に"前鋸筋"、背中側に"菱形筋"という筋肉もあります。これらは僧帽筋の下（内側）にあって、肋骨と肩甲骨の微細な動きに影響を与えます。私の経験では、歌う時、これらの筋肉は、呼吸にはもちろん、声の響きに直接関係してくるようです。

　"前鋸筋"や"菱形筋"が硬いと、肋骨や横隔膜の繊細な動きが妨げられるでしょう。歌う前に"肩甲骨"をよく動かしておきましょう。また、大胸筋や広背筋、前鋸筋と、順番に触りながら、腕全体を指先から大きく動かすことも、"のびのびとした歌声になる"ことを大いに助けるでしょう。

　この図を見ながら、触ったり、動かしたり、いろいろ試してみましょう。

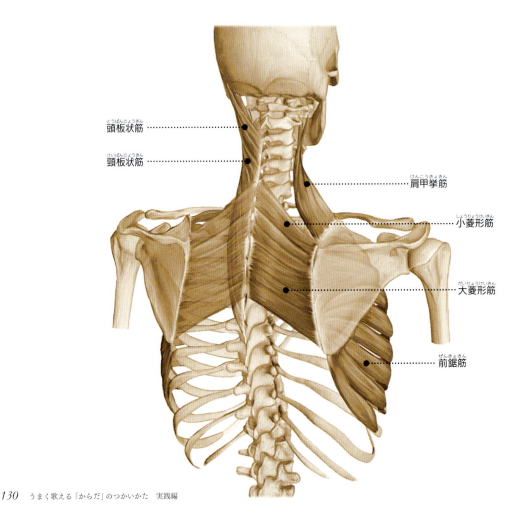

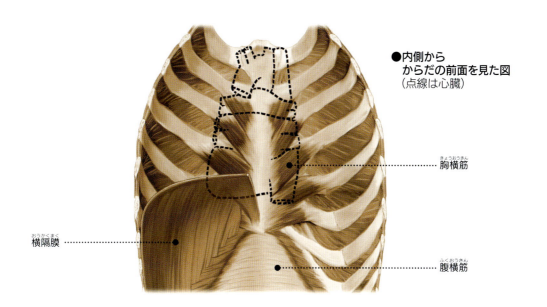

●内側から
からだの前面を見た図
（点線は心臓）

胸横筋

横隔膜

腹横筋

## 3 胸横筋の大切な役割

　腹筋には、腹直筋、外腹斜筋、内腹斜筋、腹横筋という四層の構造があります。腹横筋はその一番内側にあって、上部は肋骨の内側に付着しています。そうです、腹横筋は肋骨の外側ではなく、内側に付着しているのです。

　胸には肋骨の内側に、胸横筋という筋肉があります。この筋肉は息を吐く時に収縮し、息が外に出ていくのを助けます。つまり、胸横筋は、横隔膜と腹横筋にもつながっていて、連動して動くのです。「胸はこうして、お腹はこうして」と、分離させて考えすぎている人はいませんか？

　肋骨の前面には軟骨部があり、背面部には関節があって、いずれも動く構造になっています。胸部は、動的な柔軟性を持っているのです。

　胸部が高めに保たれる時にも、この柔軟性は失われてはいけません。つまり、"ゆるむ"時間もあるのです。そう、前節で"波うつような胸の動き"と表現したのは、"波うつ"状態にあるなら、胸は固まらず、生き生きとしていられるからです。あなた自身で、もっといい言葉を見つけてください。しかし、歌えるようになってくると、これらの言葉もなくなるかもしれません。

*1 「うまく歌える『からだ』のつかいかた」P67

*2 「うまく歌える『からだ』のつかいかた」P28

第8章　続・つかえる解剖学

131

# 4 腹筋と錐体筋

　腹部前面の真ん中に"錐体筋"という小さな筋肉があります。恥骨から始まって、上に向かい、腹直筋の働きを助ける作用があります。少し難しくなりますが、正確には、腹直筋鞘と白線（腹直筋の中央にある縦の白いライン）の下方に付着し、白線を緊張させることで腹直筋の働きを補助しています。一般的には、かなり弱い機能のようです。

　しかし、「下腹でささえて」という言葉には、私は「この錐体筋の働きも含まれているのではないか」と思っています。それどころか、この錐体筋のことをほんの少し思い浮かべるだけで、「ささえ」がうまくいくかもしれません。

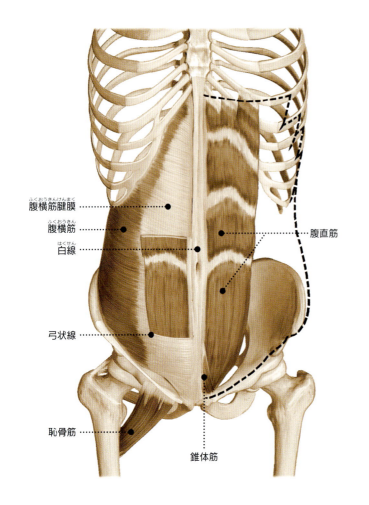

　「腹筋をどのように鍛えたらよいのか」「腹筋を鍛えると、声によいのか」という質問をよく受けます。ここには二つの疑問が見え隠れします。

　一つ目は、しっかり声を出したい、そのために「"ささえ"をどう練習すればいいのか」「いわゆる腹筋運動には効果があるのか」という疑問です。

　二つ目は、「腹筋を鍛えたけれど、声には一向に影響がない」という懐疑的な声です。ここで言う"腹筋"とは、腹直筋のことを指すのでしょう。

　アスリートの中にさえ、「いわゆる腹筋運動は、筋肉を硬く短くし、内臓を圧迫して、腸腰筋の働きを妨げてしまうので、柔軟な動きができなくなってしまう」という人

もいます。歌う場合は、「いくら腹筋を鍛えても、最終的にそれが呼吸にどう関係しているのか」を歌っているソマが感じることができなければ、つまり、呼吸の動きを伴った腹筋の働きができなければ、さらにソマ全体の筋肉の連動や自分が置かれた空間との関係がうまくいっていなければ、もっと意味はありません。

腹筋の話に戻ると、歌う呼吸には腹直筋よりも、内腹斜筋と外腹斜筋、さらに腹横筋が重要な働きをします。「どこを鍛えると歌えるようになるのか」と考える前に、まずは歌ってみて、「からだのどこが硬いのか」「どこが弱いのか」「どこがソマ全体の動きを妨げているのか」を自分で感じましょう。でも、まずは「あなたが喜びをもって音楽する」ことが先決です。


歌う時、ささえの感覚として、股関節や太もものあたりを触りながら歌うと、「"ささえ"られ、声が出やすい」というのを前著で紹介しました。うれしいことに、「効果があった」という声をたくさんいただきました。今度は、ほんの少しだけ「この錐体筋のあたりを意識してみる」のはどうでしょうか。

これで「うまく歌える」という人はつかってください。「よくわからない」と言われる人は、"腹筋の中にはこのような微細な筋肉もある"ということを知っておくだけで十分です。そのうち役に立つかもしれません。

一方、腹横筋腱膜は、おへそより下にある弓状線までは腹直筋の後方にあり、弓状線から恥骨部までは腹直筋と錐体筋の前を覆います。いわゆる下腹には、腹横筋につながっている腱膜もあることが、歌う時の感覚と相俟って、興味深く感じられます。

「歌いながらソマと対話する」ことで、時間をかけて習得できるのが「歌うささえ」といえるでしょう。「歌う感覚」「歌うささえの感覚」は、自分の中で絶えず変化し、進化し続けるのではないでしょうか。「ささえ」はソマの中で起こる個人的な感覚です。しかも刻々と変化します。「こうするのがよいささえだ」とは、言葉では言い切れないのです。でも、心配はいりません。あなたなら、必ず、歌う中でわかってきます。

*3 「うまく歌える『からだ』のつかいかた」P133

# 5 顎関節と翼突筋

口は"空間"です。口という"物"はありません。口の上部は硬口蓋（頭蓋骨の底）と軟口蓋で、横は頬、底は舌です。舌は、下顎と舌骨、そして頭蓋には、舌の両側から茎突舌筋という筋肉が茎状突起まで伸びて付着しています。口の奥には、食道から上にあがってきた筋肉の壁があります。つまり、口というひとつの物体ではないので、その動きは複雑であり、「あ」はこう、「え」はこうと、単純によい形を決められないということです。

ですから、歌う時に、「口をどうあけたらよいか」は、単純には言えないのです。それぞれの部位は、連携しつつ、複雑な動きを瞬時に行っているのです。

顎の骨（下顎骨）をよく観察してみましょう。顎には噛むための四つの筋肉（咀嚼筋）〜側頭筋・内側翼突筋・外側翼突筋・咬筋のすべてが付着しています。しかし、歌う時の発語は噛む動きと逆に、あけること、ゆるむ動きなので、ここでは咬筋が収縮する力をできるだけつかいたくありません。「顎をゆるめて」「顎をラクに」は、これらの咀嚼筋と茎突舌骨筋も含めた舌全体が、歌う時、常にやわらかい状態だということです。

また興味深いのは、顎の骨の形、特に関節突起の形です。その突起は、思ったよりも横幅が広くありませんか？ 幅の薄い下顎骨が、一番高い位置の関節の部分では、ねじれたようになり、幅広になっています。

## 関節は動きが起こるところです。

その顎関節から顎の動きは始まります。つまり、口の動きのメインのひとつは、顎関節での動きです。微細ですが、明確に認識できます。

舌の両側、後方から伸びた茎突舌骨筋は、頭蓋骨から細く飛び出している茎状突起につながっています。茎状突起は、顎関節より後方で、内側に位置しています。

「口をあける」とはこの部分に動きを感じることであり、やがてそれが「喉の奥があいている」という感覚を呼び起こすことにつながるでしょう。

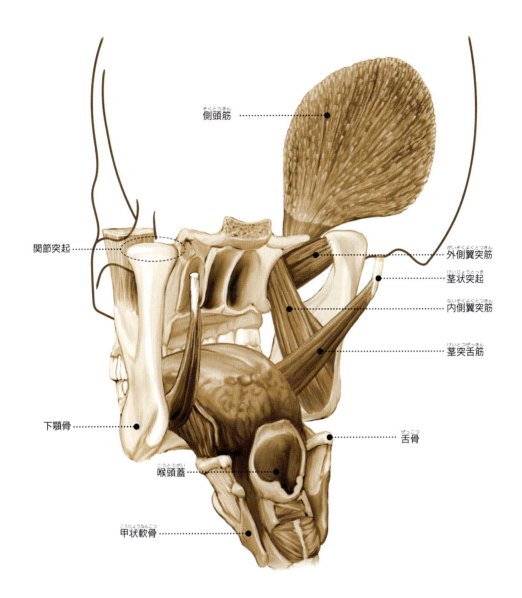

　ここで大切なことは、歌う私たちが試すべきは、まずは「どこを動かすか」「どこから動くか」ということです。「喉の奥をあける」のを保つことではありません。

　さらに、顎関節の前の頬骨の高さでは、側頭筋は「どのくらい内側にある」のでしょう？ 側頭筋や顎関節と下顎骨角を触りながら、下顎を動かしてみて、それらの動きを確認しておきましょう。そうすることで、発語の時に不必要な力が入らない準備運動になるでしょう。
　まずは、そっとゆっくり動かしてみましょう。その動きがゆっく

りであればあるほど、顎関節周辺で「何が、どのように動くのか」、触っている指を通して感じられるからです。

"顎の骨と頭蓋骨の中心部にある蝶形骨を結ぶ"ふたつの翼突筋（内側翼突筋と外側翼突筋）は、顎を微細に動かす咀嚼筋です。歌う時に、鼻の奥や口の奥に"あいた"感覚があるのは、この筋肉の繊細な動きに関係しているでしょう。そこに動きがあることで、硬いはずの頬骨がやわらかく感じられ、「頬骨をあげて」「頬で笑って」などという言葉が生まれたのでしょう。

鼻の中の空気の通り道を感じましょう。

眼球と眼球の間のかなり高い位置にも、鼻腔の一部（篩骨）はあります。感覚的な言葉になりますが、その鼻腔の一番奥、「蝶形骨洞の前で、声の芯や響き（振動）のポイントを感じるとうまく歌える」という人も多いようです。このことを、「鼻で息を吸う」「いい匂いを嗅ぐ」「笑う」と表現する人もいます。しかし、これらはそのあたりに起こる繊細な動きを表すイメージの感覚的言葉です。ですから、実際に、特にしっかりそうすると、間違った動きとなります。ちょっと思うぐらいでちょうどいいでしょう。

頭部の骨と筋肉、そして空間について知りましょう。どこまでが骨で、どれだけ空間があって、どこから筋肉がついていて、関節ではどのように動くのか？ 歌う前に毎回、感じるのです。

ここには、「できている」「まだできない」という言葉は存在しません。あるのは、「その時のあなた」が感じる「その時の骨や筋肉や空間」と、それらの動きの感覚です。

これらを繊細にとらえることができればできるほど、歌う時に必要なだけ働いてくれるでしょう。たとえ、言葉にできなくても。では、歌ってみましょう。

# 6 足は歌う土台です

歌う時に、脚全体、特に脚の裏の感覚は非常に大切です。

横隔膜と協働する大腰筋は股関節につながっています。股関節には、脚の筋肉も複雑につながっています。横隔膜と連動する骨盤底筋群（こつばんていきんぐん）も、だいたいその高さにあります。ですから、「脚の筋肉がどのような状態なのか」は、歌う呼吸に関係し、直接的に歌声に影響を与えます。

股関節や膝を固めて立つことで、「しっかりささえて歌っている」と思っている人がいます。一方、「脚の筋肉の状態や、足にどのように体重が伝わっているか、伝わっていないかなどは、歌声とさほど関係ない」と思っている人もいるようです。そのような人は、「息が十分続かない」とか、「高音が出にくい」という問題をよく抱えています。これらをよくしたいのなら、脚・足を見直しましょう。日本語で言う「足腰」は、歌う時にも重要な役割を果たすのです。

膝の関節はどこにありますか？ 足首の関節はどこでしょうか？

足の裏から観察するなら、ひとつのヒントとして、指の付け根で

●頭上から足と膝（膝関節（しつかんせつ））を見た図

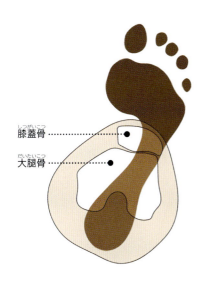

膝蓋骨（しつがいこつ）
大腿骨（だいたいこつ）

●頭上から足と足首（距腿関節（きょたいかんせつ））を見た図

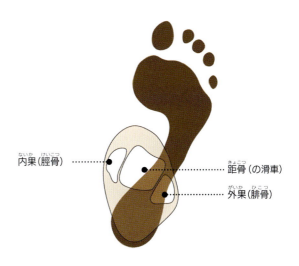

内果（脛骨）（ないか けいこつ）
距骨（の滑車）（きょこつ）
外果（腓骨）（がいか ひこつ）

ある5つの母指球と足指の腹、そして踵（かかと）の感覚があると、音楽に伴って、足の裏全体にしなやかな体重移動が起こるでしょう。また、足の外側の輪郭をぐるっと感じるのはどうでしょうか？

　ソマには不思議な能力が備わっています。そして、すばらしいことに、どんな場合でも歌う私たちの味方なのです。その力が自分にとって不思議に感じられれば感じられるほど、それはあなたに新しいことが起こっていて、前進していると言えるのではないでしょうか？

# 第9章

# 「ソマから学ぶ」とは

歌うことを全部、言葉にすることはできません。でも、あなたなら言葉から何かを理解して、歌うことにつなげられるでしょう。
さあ、自信を持って歌いましょう！
誰かが"あなたの歌"を待っています。

# 1 言葉が必要な時、言葉が邪魔な時、言葉がいらなくなる時

　歌うことを言葉にして説明することで、明らかになることはたくさんあります。その一方で、言葉にすると固定化されてしまうため、実際に歌う時には「必要のないこと」や、「いったんできるようになると、言葉で考えることが歌うことの邪魔になってしまうこと」も出てきます。

　では、"役に立つ理解" "役に立つ言葉（意識）" とは、どんなことでしょうか？ そして、「歌うソマが動きやすくなる言葉のつかいかた」とは？ また、逆に「言葉での説明が実は歌うことの邪魔になっている」というのは、どんな時の、どんな説明なのでしょうか？

　思うように歌えて疑問がない時、そこには「歌う技術を説明する言葉」の介在は必要ありません。無邪気に歌う子どもたちに存在するのは、喜びです。あるいは、適切に訓練されたプロの歌手たちは、作曲家の意図した音楽と自分の解釈を、歌声を通して感情豊かに観客に届け、感動を呼び起こします。

　一方、音楽大学を卒業して演奏活動を始めた矢先に声の調子がおかしくなった若き歌手たち、留学して国際的に進もうとした途端に伸び悩んでいるプロの卵たち、昔は思うように歌えていたのに急に声の出し方がわからなくなったベテランたち、ブランクがあってまた声楽を始めようと思ったら声の出しかたがわからないと感じた人たち、もう少し自分の歌をなんとかしたいと発声を模索する人たち、長く続ければ続けるほど、発声に疑問がいっぱいになる合唱団員たち、メジャーになったけれど実は喉が苦しいポップス歌手たち…などなど、このような時に、このような人たちに対して「発声やからだのつかいかたについて、言葉で語ること」は有効ですし、その必要があります。

　では、どのような言葉をつかった理解が効果的なのでしょうか？また、どんなことに気をつけておかなければいけないのでしょうか？

（1）「からだに対するイメージの言葉掛け」は、"あなたにとっては"、まったく意味がないこともあります。また、最初は効果的でも、突然その意味が失われてしまうこともあります。

「○○のように頬骨をあげて」、あるいは「△△のようにお腹を膨らませて・締めて」など、イメージを伴いながら、からだのある場所を指定した指摘は、一見伝わりやすいように思えます。しかし、実は、"もっとも誤解を招きやすく"、"真の意味が正確に伝わらない"という、もうひとつの側面を持っています。

歌っている内容ではなく、声を出すための"からだや歌う技術に関するイメージの言葉"は、そのように歌えた時の、そのように歌えたその人の"個人的なもの"だからです。あるいは、歌える人が歌えていない人を見た時、「こうしたらいい」とイメージした何の根拠もないものだからです。だから、その通りにイメージして歌っても、そこからは何も生まれないことすらあります。イメージを伴った"発声に関する言葉掛け"は、効果がある場合はいいのですが、よくわからない時はそのようにイメージしないことが賢明です。なぜなら、「よくわからない」なら、あなたには効果がないことになりますから。

どこかで得たヒントを正しいことだと思って練習しても一向にうまくならない、それどころか余計に混乱して、声が出にくくなった時は、こういった"言葉の落とし穴"に入っているのかもしれません。

ただし、ある程度歌える人にとっては、自分で感じた"イメージの言葉"は、打って変わって有効な味方となるでしょう。なぜなら、「ソマで起こる多くのことを短い言葉で表現できる」からです。

それを「つかうか、つかわないか」「役に立つのか、役に立たないのか」を判断して、選択するのはあなたです。自分の感覚を信頼して、選びましょう。

（2）「"どこを、どうすれば、どうよくなる"といった、具体的で詳細な指示の言葉を常に考えながら歌うこと」は、その時の"ソマの自由"を奪うことになり、ある以上はうまく歌えるようにはなりません。

　例えば、「指3本分、口をあけて」「お腹のここを、これだけ、このように引っこめて」といった、一見わかりやすく思われる指示の言葉です。そのために、歌う時にいつも、「口を…」「お腹のここをこのくらい」つかわなければいけないと思うことは、明らかな間違いです。なぜなら、「どこが、どのくらい、つかわれるのか」は、精確には、その時その時で、また曲によって、異なるからです。言葉は明確ではありますが、ソマの"変化する繊細さ"には対応できません。しかも、どのように、どのくらいつかうかの"加減"は、誰かに教わることではなく、歌う中で、あなた自身が少しずつ身につけていくことです。

　知っておくとよいのは、「"お腹"が、歌うこととどのように関係しているのか」であって、「具体的にどのようにつかうか」ではありません。「息をしっかり送って声帯を振動させよう」と思うのと、「肺から息が送られると、声帯が振動し、声が生まれる」と理解しているのとでは、ソマに与える印象も意味も異なりませんか？ 前者なら、歌っている時にはいつもそう考えていないと歌えないことになりますが、後者なら徐々にこれらの言葉から解放され、歌の内容や感情を感じるだけで歌えるようになるでしょう。もちろん、前者の言葉が有効な時もあります。しかし、熱心な真面目な人であればあるほど、時間の経過とともにバランスを崩して歌えなくなるという皮肉なことが起こります。

　私自身のことを振り返ると、ある先生が私に言われた、「お腹をしっかりつかって、いつもきちんとささえて歌いなさい」という注意は、その後、長きにわたって、私に多くの混乱を呼び起こしました。なぜなら、常にそのことが頭にあることで、「やりすぎている」という"気づき"が生まれず、今なら自分が本来持っていると感じる"繊

細なソマのセンサー"を、「自分が音楽すること」とリンクさせられなかったからです。

　教える時には、生徒との"共通言語"としての、わかりやすい言葉が必要です。「生徒は自分とは別の個性と別の楽器を持っている」という認識を前提にした理解、「生徒の中で起こっていることへの観察力」が、第一の"教える才能"だと私は思います。それらがなければ、指導者が熱心であればあるほど、一流儀の単なる"押しつけ"になるでしょう。ここに、"歌手"と"教育者"に必要とされることの明確な違いがあります。

　私は教える時、「私はこうしています」、あるいは「ここに触ってみて。どのように動いているのか感じてみて」と、指導することがあります。しかしこれは、「だから、あなたもこうしなさい」ということを意図していません。
　一方で、「私はあなたの声をこう思うわ」「私ならこうするけれど、あなたならどうしたい？」「私はこうだけれど、あなたの声ならこうはならないと思うわ」などと、"私を主語にして"教えるようにしています。つまり、教える時はいつでも、「生徒自身がその時その時で自分の"いい加減を"選べる"余裕"が持てる」ように、気をつけています。"方向は提示します"が、「こうしなければいけない」「こうしなさい」と強く言いません。そのために、最初は明確でないと戸惑い、わかりにくく思うことがあるようです。しかし、指導者と生徒の間にある、この"余裕の空間""生徒の自由度"は、長い目で見れば見るほど、大きな意味を持つと思われます。

## 2 "わかっている"けど"できない"ジレンマ

　歌っている時に、「わかっているけれど、できない」というジレンマに陥ったことがある人は多いのではないでしょうか？ あなたはいろいろなことがわかっていて、頭の中には次のような言葉が駆け巡っているのかもしれません。

① 歌う時、力を抜かなければいけないわ

② 響きを落とさないようにしなければ…

③ 気持ちを込めて表情をしっかり出さなければ伝わらないわ、もっとしっかり

　ここまで読み進めてくると、すでに「これらの言葉では、なぜうまくいかないのか」に、お気づきでしょう。真面目な人であればあるほど、これらの思いは、私たちが歌うことを助けてくれるどころか、迷路に追い込んでしまうことが多いのです。

　しかし、もし次のように、アプローチを変えた、新しい言葉をつかうとすれば、どうでしょう？

## Pattern 1

〈今までの言葉〉

歌う時、力を抜かなければいけないわ。

〈新しい言葉のつかいかた1〉

＊いらない力が入るみたいだけど、どうしてかな？

＊新しい曲で、十分練習できていないから？

＊練習が十分できていないのなら、まだうまく歌えないのは当然だわ。それを認めて、できる範囲で歌うわ。さあ、もう一度、歌ってみましょう。

＊これは、オペラの中で、○○が△△に向かって、絶望にさいなまれながらも、希望を勇敢に語っているシーンだわ。○○にはどんな感情が渦巻いているのかしら？

〈新しい言葉のつかいかた2〉

＊なんだか力が入るけど、どこにかな？

＊首の後ろが苦しいな。特に、高い音になったり、フレーズの終わりになると、首が締まってくるわ。背中は？ 脚にはどのように体重が伝わっているかしら？ 膝はどんな状態？ あれ、いつも右側に傾いて立っているわ。だから、左側の外の空間が狭かったんだわ。

＊両側の差が少なくなったら、左右の首や肩に、今、何か変化が起きてきたわ。変化を受け入れて、もう一度、歌ってみましょう。この歌は、春がやってきた喜びを表す歌だわ。でも、恋人もできたのかしら？ ドイツの冬は厳しいと聞いたわ。どんなふうに？

Pattern 2
〈今までの言葉〉
響きを落とさないように歌わなければいけません。

〈新しい言葉のつかいかた1〉

＊「響きを落とさないように」と言われたけれど、"響き"って、声が出た結果、響くのだから…。まず、声を出すには…。声は息で声帯が振動した結果だったわ。だから、息を流すのがうまくいっていないのかも？ 空気は肺に入るわ。胸はどうなっているのでしょう？

＊（触ってみると）うわっ、右の肋骨の三番目のところが痛いわ。こんなに硬くなっている。少し触ってほぐしてから、歌ってみましょう。前鋸筋をほぐす体操もしてみましょう。

〈新しい言葉のつかいかた2〉

＊「響きを上に、上に」とばかり思っていたから、なんだか首が上につりあがっている感じがするわ。そういえば、脚がふわふわしているわ。脚も重要だった…、スクワットをしてみよう！（その後、歌うと）あれっ、さっきよりなんだか落ち着いたし、声も出るみたい。

＊頭の位置も大切だから、次に頭蓋骨を触ってみましょう。頭は丸い球形で、脊椎の上に載っているわ。前に落ちていたから、"声の通り道"がわからなくなっていたみたい。

＊耳を引っぱってみましょう。耳の付け根から、そっと、後ろに、上に。*1

*1「うまく歌える『からだ』のつかいかた」P51

## Pattern 3

〈今までの言葉〉

気持ちを込めて表情を
しっかり出さなければ
伝わらないわ、
もっとしっかり。

〈新しい言葉のつかいかた 1〉

【歌曲の場合】

＊この詩はどんな内容かしら？
"Sally Garden"はもともとアイルランド民謡。「柳の園」って訳されているけれど、アイルランドの柳は、日本のしだれ柳とは違うのでは？ それに柳の"庭"？ ああ、何本もたくさん生えている林のこと。そこで、彼は彼女に出会う。彼は何歳ぐらいの、どんな人？

【オペラアリアの場合】

＊どんなアリアかしら？ エルヴィーラの身分は？ 場面は？ 結婚相手は？ なぜ誤解が起こるようなことに？ でも、エルヴィーラは正気を失っているけれど、一時的なものだわ。ルチアのような病的なものとは違う。だから誤解が解けた時にはその愛によって癒されるの。狂っているけれど、心から愛するような気持ちで…。この美しいレガート。このカデンツァにはどんな情感を込めたらいいかしら？

【合唱曲の場合】

＊詩はどんな情景を表しているのかしら？「私の心がぬれる」って、どんな気持ちなのかしら？

（次ページへつづく）

〈新しい言葉のつかいかた２〉

【歌曲の場合】

＊ブリテン作曲のこの前奏は、何を表そうとしているのかしら？ 曲全体にはずっとこのような…感じがあって、ここだけで大きな和声の変化があって、しかもpp（ピアニッシモ）になるわ。急に内面的に、でも最も強い感情を表すところだわ。歌ってみましょう。ああ、だから、ささえは強いままになるんだわ。

【オペラアリアの場合】

＊この場面、エルヴィーラは手をどこに置いて、何を感じているのかしら。涙が頬に伝わっているとすると…首は、胸は、肩は、どんな感じ？ どのように歩いていく？ よろめきながら。あるいは、これらを感じながら、ほとんど動かないとすると？ なんと、からだの中芯が強くつかわれるのでしょう。

【合唱曲の場合】

＊ソプラノはずっと同じ音で伸ばしているけれど、アルトとベースが次々に詩を歌っているわ。それをわかっていると、ロングトーンしやすいわ。

＊あ〜、ここから急に和音が暗い感じになるわ。より強い情感が含まれていると、私は思うわ。でも、どんな情感が……？

このように考えると、練習は進むでしょう。これが、"ソマにアプローチできる"、あるいは"ソマから歌う"言葉のつかいかたです。そして、「今までの言葉」は歌っている最中に思っていたかもしれませんが、「新しい言葉」は、歌う前の思考だということがおわかりでしょう。

言葉は、物事を切り刻み、固定化し、当然ながら時間が経過しても変化しません。脳は、「いったんそのように知ってしまうと、それを変えることができない」という性質を持っています[*2]。"歌う"ということは、その脳の特質に挑戦しながら、ソマを信頼し、"ソマにまかせる"ことかもしれません。歌えるようになるに従って、歌っている最中に、からだのつかいかたに関する"言葉"はだんだん必要なくなるでしょう。そして、ついには、ソマを動かすための言葉はなくなり、直接的に情感を歌えるようになるのです。

歌うテクニークに関する言葉は、最終的には不要になることを知っておきましょう。ですから、学べば学ぶほど、歌う最中に考えなければいけないことが多くなって、からだが窮屈になっているのなら、方法を見直す時に来ているといえるでしょう。

*2　池谷裕二・糸井重里著：海馬（新潮社）2005, P174-176

# うまくいかないのは
# 何かがあなたに適していないからです。
# あなたにその方法が合っているのなら
# 必ず先に進めます！

# 3 高い声が出ない時、低い声が出ない時

「高い声が出ないのですが、どのようにしたらいいでしょうか？」という質問をよく受けます。そこで、「今までは、どのように出そうとしていますか？」と尋ねると、ほとんどの人は「しっかりささえて、あるいは、お尻を締めて、軟口蓋をあげています」と答えます。そして、「いくらそうしても、一向に高い声が出るようにならない」と言うのです。

その一方、「低い声が出ない」と言う方がいらっしゃいます。「高い声から低い声に急に下りる音型の場合など、低い声がガサっとなって声にならない」と言うソプラノの人、「低い声が出ない」と言う合唱でアルトを歌う人…。「では、どうしているの？」と尋ねると、「顎を引いて、口の中を広くあけている」など、これまたさまざまな回答が返ってきます。

さらに、高校生や大学生など若い人たちを見ていると、「高い声は出やすいけれど、中音域は苦手だ」と言う人と、「低音・中音域はよく出るけれど、高音が難しい」と言う、二つのタイプに分かれます。

こうした場合、あなたはどのように考えますか？「それぞれに応じて、異なった方法、声やからだのつかいかたがある」と思うのではないでしょうか？ しかし、"ソマからのアプローチ"では、次のようになります。

高音でも低音でも、声が出るしくみへの理解と解決方法として、同時によくなる訓練ができます。すでに皆さんはご存知のように、高い声の時は「声帯がより伸展」し、低い声では「声帯がゆるみ」ます。伸展する時に、精確には伸展する直前に必要なのは、「喉頭がリラックスして、自在に声帯が伸展できる〈ニュートラルな準備の位置〉にあること」です。これは、喉頭が緊張して高くつりあがった位置と比較すると、低い位置にあるために、「喉頭を低く保つ」と一般的には表現されますが、「喉頭を無理やり低い位置に保つこと」あるいは「つりあがった喉頭を強制的に下げること」ではありません。

喉頭がリラックスできるのは、ソマ全体、特に「下半身がゆったりと、どっしりすっきりと感じられ、その上で首や肩がやわらかで、

伸びやかな時」です。「背中がラクで、頭が脊椎の上でバランスしている時」ともいえます。これを前提に、自分の注意はソマの低いところにあり、喉頭では「自在に音程が変わる」「自在に音程を変える」練習をするということです。

　一方で、まずは歌う前に、普段、どのように立っているのかをチェックしましょう。そして、喉頭や首に不必要な力を入れないように注意して、少しずつ声を出していく練習も有効です。歌いやすい音域の、好きな曲から歌っていきましょう。急いではいけません。難しいところを練習するのではなく、歌いやすい音域から練習するのです。


　「よい声が出るように、軟口蓋をあげる」のではなく、「いつでもどんな高さの声でも出るように、"アクティヴでリラックスした"ニュートラルな状態」に"歌う前にある"ことが重要なのです。つまり、私たちが直接コントロールできるのは「軟口蓋をあげる」ことではなく、あがる前の"不必要な力の入っていない状態"に"いる""戻る"ことのほうです。

　声やソマのトレーニングでは、このニュートラルな状態にリセットすることから常に始まり、歌うのに必要なすべての音域がスムーズに出るように訓練していきます。

# *4* 思ったような音量で歌えない時

　「大きな声を出すにはどうしたらいいでしょう？」「よく響く声にするのはどうしたらいいでしょう？」という質問もよく受けます。そして、「大きな声を出す」ため、「響かせるために、どうしているのか」を尋ねると、たいていは次のような回答が返ってきます。


　　・口を大きくあけています
　　・喉の奥をあけようと努力しています
　　・軟口蓋を上にあげています
　　・舌をしっかり下げて、口をあけています
　　・顎を引いています
　　・ささえを多くしようと、お尻をしっかり締めています


　などです。


　しかし、その前に「大きな声で歌う」「よく響く声で歌う」とはどういうことなのか、考えてみましょう。また、なぜ、そのように要求されるのでしょうか？

・「大きな声」「よく響く声」ではなく、「どこまでも運ぶ声」「遠くまで届く声」と考えるのがいいでしょう。そして、何を届けたいのか、音楽と歌詩の意味を考えましょう。
・口を、軟口蓋を、舌を、顎を、と努力をしているために、硬くなっているところはありませんか？「その硬くなっている状態が、声がスムーズに出ることを止めている」場合がほとんどなのです。
・誰かと比較することで自分の音量を考えていませんか？　あなたには、あなたにふさわしい音量があります。そして、そのほうが声は遠くまで届くのではないでしょうか？「あなたが考えている音量」と「遠くまで届くこと」は、異なっていることが多いので注意が必要です。


　「オペラを歌うには大きな声が必要だ」と思われているかもしれま

せんが、イタリアのベルカントオペラを代表する作曲家のひとり、ロッシーニ（Gioachino Rossini 1792-1868）は、ある書簡の中で次のように書いています。

「声楽技法のある種の衰退を否定することはできない。なぜなら、（中略）心にしみいるようなイタリアのやわらかな歌い方よりも、むしろ狂犬病のような絶叫調で歌うスタイルに向かっているからである[3]」

この時代の作曲家が、すでに絶叫調で歌うことを嘆いていることがわかります。

マリア・カラスも「私が追求していたこの声の軽さというものは、（中略）ベルカントのトレーニングの一部でもありましたが、と同時にそれは、声というものは、しかるべきポイントに運ばれれば、音量は決して大きすぎず、しかも突き抜けるような良い響きを持つようになるものである…（中略）学べば学ぶほど、まだ知らないことがあるのだということに気づくようになります[4]」と言っています。

これらには、オペラ作曲家から、そして世界的プリマドンナから、歌う時にもっとも大切な事柄が私たちに語られています。

*3 R.チェレッティ著：ベルカント唱法（シンフォニア）1998, P165

*4 ジョン・アードイン著：マリア・カラス オペラの歌い方（音楽之友社）1989, P18

# 5 歌うレパートリーについて

　声楽を始めて数年の初心者の方が、私の講座やレッスンに持参された曲に、次のようなものがあります。

- T.Giordani：**Caro mio ben**　いとしい人よ
- Ch.Gounod=J.S.Bach：**Ave Maria**　アベ・マリア
- G.Caccini：**Ave Maria**　アベ・マリア

- G.F.Händel：**Lascia ch'io pianga**
  私を泣かせてください（オペラ「リナルド」より）
- W.A.Mozart：**Porgi amor**
  愛の神よ、慰めをもたらせたまえ（オペラ「フィガロの結婚」より）
- G.Puccini：**O mio babbino caro**
  私のいとしいお父さん（オペラ「ジャンニ・スキッキ」より）
- G.Puccini：**Vissi d'arte vissi d'amore**
  歌に生き、愛に生き（オペラ「トスカ」より）
- Ch.C.Saint-Saëns：**Mon coeur s'ouvre à ta voix**
  あなたの声に私の心は開く（オペラ「サムソンとデリラ」より）

　「間もなくある発表会で歌うので、声をもう少しどうにかしたい」と言うのです。これらの曲に共通しているのは、旋律が美しく、テンポはゆっくりで、音楽的にわかりやすいということです。しかし、ソマの観点からは"どの曲も、声楽を学びはじめて間もない人には難しい"要素が含まれています。

　特に、オペラアリアの５曲の中には、もともとカストラートが歌うドラマティックな表現を伴うものや、ドラマティック・ソプラノや重いアルトのためのオペラアリアが含まれています。プロならば歌うことに慎重になる曲もあります。

　オペラアリアでも、愛好家が歌える曲もありますが、その一方で、きちんと訓練をしないで歌うと、発声器官に無理がかかることがありますから注意が必要です。

歌うことで、"少しでも喉頭がつりあがったり"、"舌や首に不必要な緊張が起こりはじめる"と、それが癖になってしまい、いつまでたってもうまく歌うことができなくなります。これはオペラアリアを歌う場合に限らず、合唱をする時にも同じことが言えます。

曲を歌えるようになることだけではなく、その曲を歌うことで楽器としての性能が高まるような、曲選びと歌いかたが必要です。つまり、前より「声がラクに出る」「息が長く続くようになった」「音域が広がった」ということが起こることが重要なのです。しかし、もしその逆が起こったのならば、その曲や歌いかたが、あなたに合っていないことになります。ただ、好きな曲を発表会で歌うことのみに注目するのではなく、このように歌う楽器のことにも注目しましょう。そこにはただその曲を歌えたという達成感だけではなく、「ソマが気持ちいい」「先に進めるという喜び」の感覚があるでしょう。

音大生が、講座に次のような曲を持ってきたことがあります。

・W.A.Mozart：**Der Hölle Rache kocht in meinem Herzen**
 *復讐の炎は地獄のように我が心に燃え（オペラ「魔笛」より）*

・G.Verdi：**È strano ! Ah, fors'è lui~Sempre libera**
 *そは彼の人か〜花から花へ （オペラ「椿姫」より）*

どちらも大曲です。夜の女王のアリアは、コロラトゥーラ・ソプラノの代表的な曲です。一方、ヴィオレッタは声にも多様な要素が要求される、ソプラノならだれもが憧れる役です。世界的なオペラ歌手にも、これらを歌うことで声が出にくくなった人、プロとしての寿命を縮めた人がいます。若い時に歌うレパートリーについて、多くの名歌手や名教師たちが注意を促していますが、生徒の声がたやすく出るからといって、指導者は、むやみに大曲を与えることを控えるべきでしょう。なぜなら、若い時に最も大切なのは、大曲が歌えることではなく、「歌うソマが、プロセスとして適切に、また声に負担がかかることなく、成長しているかどうか」だからです。

私自身の大学時代を思い起こすと、卒業演奏会の曲は、ヴェルディの「運命の力」から"Pace, pace"と、ワーグナーの「タンホイザー」から"Dich teure Halle"でした。またある時は、「蝶々夫人」のアリアを歌うようにも勧められましたが、「喉が変になりそうなので歌えません」と、先生にお断りしたこともあります。今から思えば、どの曲も私のレパートリーとしては、何とも不適切なものばかりです。これらは、私の"歌う基礎をつくる"ことにはまったく貢献しておらず、それどころか、ともすると声を危うくするものだと思えます。

　そして、私の発声への疑問や悩みはこの頃から始まりました。逆に言えば、「私の感覚は正しかった」ということになります。"何かおかしい"と気づくこと、「これでいいのかな？」と疑問に思うことは、自分を成長させるからです。

　もし、あなたが今、発声に悩み、不安な思いをしているのならば、その葛藤に真摯に向き合い、今の自分の感覚、ソマの感覚を大切に進んでください。解決はそこから始まります。そして、求めるのなら、必ず先は開けてくるでしょう。


# "何かおかしいのではないか？"
# と疑問を抱くことは、
# 解決への第一歩です。
# その感覚を大切にしましょう。

# 6 「歌う準備」とは何か？

　「もっと"準備"してから歌いだしなさい」と言われたことがある人は多いでしょう。「なぜなら、音が下がるから」、「なぜなら、息が長く続かないから」「なぜなら、高い声がうまく出ないから」、「なぜなら、リズムが遅れるから」、「なぜなら、言葉がよく聞こえないから」、「なぜなら、出だしが遅れるから」。そうなるのは、「"あなたの準備"が足りないから」と言うわけです。このような注意を受けた時、たいていの人は「お腹を締め、姿勢を正して、軟口蓋をあけて、しっかり息を吸って…」といった、"からだの構え"をより強くするのではないでしょうか？ そうするように求める指導者もたくさんいます。しかし、そのようにいくら気をつけても、いっこうに問題は解決しなかったのではないでしょうか？

　残念ながら、"歌う準備"とは、このようなことではありません。ここには大きな勘違いがあります。むしろこれらは、"歌う障害物"となるものをたくさんつくり出しているようなものです。これから表現すべき内容がよくわかっていないのに、姿勢を整えても、出てくるものは何もありません。それどころか、姿勢に注意を向けた分、音楽への注意力は弱まり、音楽できなくなって、ますます歌えなくなってしまいます。あるいは、たとえ声が少しだけ大きくなったとしても、その分、からだの硬さや苦しさが増し、表現として外に出ていくものは窮屈に少なくなっていませんか？

　また、このような"姿勢への対処"、つまり、「あるポジションにからだを固めてしまうことは誤りである」ことに、もうお気づきでしょう。では"歌う準備"とは、いったい何なのでしょうか？ 歌う私たちは、いったい何を準備したらよいのでしょうか？

　歌う時の"準備"とは、歌いだす時に何か特別なことをするのではなく、"その時に特別なことをしなくても歌いだせるように"準備しておくことです。つまり、"歌うための準備"とは、歌いだす前に"すでに終わっておくべきこと"がほとんどなのです。それは、音楽そのものと詩の内容、場面や役柄の理解です。

例えば、楽譜から、ピアノを弾きながら

旋律　　和音

正しい音程、正しいリズム

**曲の内容**
・どんなことを
・誰が、誰に向かって
・どんな感情で歌っているのか

**自分の状態と解釈**
・言葉をスラスラ言える状態
・スムーズな外国語の発語
・正しい発音
・アクセントの位置
・フレーズはどの言葉に向かっているのか
・歌詞全体の構成は

**自分がどう歌うのか、
自分の音楽を明確に持つこと**

裏づけがなければ、ソマは動きません。
ソマはなんともロジックです。

これらがなければ、ソマは動きません。これらが明確でなければ、うまく歌えません。ソマのつかいかたに問題があるのではなく、音楽や歌詞がよくわかっていないことに問題があるのです。不必要な緊張を伴わず、安心して歌いだせるには、このような"準備"が必要です。ここで必要なのは「音楽を知る」という脳での準備です。"緊張する"のは、これから歌う内容がよくわかっていない脳の中と、それまでに十分うまくいっていないソマの経験から来る、賢いソマの反応です。"からだがつかえない"のではなく、からだは私たちが思うよりもずっと、何とも筋が通っているというわけです。

マリア・カラスは「まず音符をひととおり読み終わったら、次は自然なリズムを見つけるために、歌詞を自分で声を出して発音してみるのです。それは言葉がどのように音符に割り振られているかを見るためではなく（それはもう既に決められています）、言葉を実際にどのように伝達すればいいかを発見するためです[5]」、と言っています。

さらに、「私にはなにか持って生まれた直観的な音楽への洞察力のようなものが備わっているように自分で思うのです。しかしそれでもなお私は労を惜しまず、作曲家が書いた作品の奥深いところに存在しているものを見極める努力をしています[6]」と。

オペラ演出家のミヒャエル・ハンペはその著書「オペラの学校[7]」の中で、次のように述べています。「オーケストラは、舞台上の登場人物において起こっている物事、登場人物のキャラクター、状況、状態、行動と反応など多くのことを表現します。オーケストラ、それはあなたです！ それゆえに歌手であるあなたは、オーケストラについて熟知し、オーケストラにおいて何が行われているのかを理解しなければなりません」。その上で、歌手の場合「音楽が自然に生ずることが大切です」。そして、オペラとは、「物語を音楽で語る」のではなく、「描き出すのです！」と。

同じくオペラ演出家の中村敬一は、観客に伝わる生き生きとした表現のためには、「歌手が、物語の進行や登場人物の心情の《リアリ

*5 ジョン・アードイン著：マリア・カラス オペラの歌い方 （音楽之友社）1989, P23

*6 同掲載書 P27

*7 ミヒャエル・ハンペ著：オペラの学校（水曜社）2015, P5

*8 日本声楽発声学会　第106回例会（東京藝術大学音楽学部）での特別講演「歌うことと演じること、どこで、その接点を見いだすか？ 舞台で求められる演技と発声に必要なフォームとのバランスをどうとるのか？」2017年11月26日

*9 「メイビウスの帯」とは、「長方形の片方の端を180°ひねり、他方の端に貼り合わせた帯状の図形」。表が裏につながり、裏が表につながるため、表と裏の区別をつけることができない。

ズム》をいかに読み解くかの重要性」を述べています[*8]。その上で、例えば、「手を差し出すタイミングはもっと前ではないのか？」、「ステレオタイプの"手を広げる動作"はここでは意味がなく、滑稽ではないのか」、「内容とは全く異なる動作をつけることで、より声はのびやかになるのではないのか」などを、次々と提案していきました。

　例えばオペラ、例えばドイツ歌曲、例えば合唱、例えばミュージカル、例えばロック、例えば民俗音楽…に関わるすべての人々が、互いに協力して、その音楽をもっと深く理解しようとすることが、いつも最優先事項と言えるでしょう。

　そして、これらの協同作業や歌い手自身のたゆまぬ努力の中で、それに反応して動ける歌い手の"ダイナミックなソマ"があるでしょう。ここには、〈メイビウスの帯〉のように、音楽とソマの終わりなき連結と不思議な関係があるのです[*9]。

# 7 「ソマから歌う」「ソマから学ぶ」

　マリアンネ・ブロック女史に、「歌う時にもっとも大切なことは何でしょうか？」と尋ねたことがあります。すると、「バランスよ。常に、バランス、バランス」という答えが返ってきたのは、もう20年以上前のことです。当時の私は、「"からだ"をバランスよくどのようにつかうのか」、ということだと理解していました。だから、そのバランスを見つける勉強をするのだと。しかし、そうではなくて、「そのバランスなるものはもともと私の中にあり、そのバランスは必要に応じて変わるもので、その都度、新しく"気づき"ながら歌うのだ、訓練するのだ」という意味だと、最近わかるようになってきました。

　一方、自分が教えるようになると、「教えられるもの」と「教えられないもの」があることを感じましたが、最近は、その生徒のために、実は「教えてはいけないもの」があることを強く自覚するようになりました。つまり、「自分で身につけるしかない」ものがあるの

## COLUMN
### 「教育的」とは？

　師範は何ゆえ、私が弓を"精神的に"引こうと無駄な骨折りをしていたのを、あんなに長い間じっと見ていたのか。すなわちなにゆえ彼は、稽古始めから早速正しい呼吸法に向かって突き進まなかったのかと。（中略）
　もし師範が呼吸に練習でもって稽古を始めたとすれば、あなたが決定的なものを獲たのは呼吸法のお陰であるということを、彼は決してあなたに確信せしめなかったでしょう。あなたはまず第一にあなた自身の工夫でもって難破の苦汁をなめねばならなかったのです。師範があなたに向かって投げ与える救命の浮環（ブイ）をつかむ準備ができる前に。（中略）師範はあなたやその他の弟子たちの誰をも、我々が自分自身を知るのよりずっとよく知っているということが分かっているのです。
　　　　《オイゲン・ヘリゲル著「弓と禅」（福村出版）1981, P48より引用》

　"教育的である"とは、「その人にとって、長い目で見た時に、真の意味があるのかどうかだ」と思っています。現代社会は、すぐその時にできることにだけに目が行きすぎているのではないかと。"真に意味がある"とは、表面的にできることではなく、"真に身につく"ことで、それには生徒側の準備や段階によっては、あるところまで待たなければいけないこともあるでしょう。ここでは、教師の力量や采配がものを言うことになります。

です。親切に教えてもらうのでは、実は意味をなさないか、誤った方向にいくものがあるのです。

　教えるとは、ただ自分が知っている、"よいと思うこと"を「伝える」ことではありません。自分が知っていることを吟味し、その人にとってのよい方向を「提示する」「指し示す」ことでしょう。「教育的」であることの大切さと責任を、日々、感じています。

　スウェーデンに"失敗美術館　The Museum of Failure"というのがあるそうです。世に出なかった、あるいは世に出たけれどすぐになくなってしまった商品を展示しています。つまり、企業などがイノベーションに失敗した製品のコレクションです。しかし、これらの中には、そこからのちに改良され、現代を代表する製品へと大変身したものもあるそうです。私たちの中の"失敗美術館"も、そのうち大変身することになるでしょう。つまり、うまくいかないことをとがめたり、恐れたりしない心が必要です。

　"うまく歌えないソマ"は、うまく歌えるようになるために通る必要のある、歓迎すべきひとつの段階なのです。ミヒャエル・エンデの「モモ」に登場する"ベッポじいさん"の"ほうきの一掃き一掃き"のように、少しずつ進むといつの間にかそれをすべて終えていて、うまく歌えるようになっているでしょう。

## COLUMN
### 平静ということ

　前述のオイゲン・ヘリゲル著「弓と禅」の中で、師範は生徒であるヘリゲルに向かって、次のように言います。

「悪い射に腹を立ててはならないということは、あなたはもうとっくに御存じのはずです。善い弓に喜ばないことを付けたしなさい。快と不快との間を右往左往することからあなたは離脱せねばなりません。あなたはむきにならない平静な気持ちで、そんなことに超然としているように心がけねばなりません。すなわちあなたでなくてまるで別の人が善い射を出したかのように喜ぶことを心がけるのです。この点でもあなたはうまずたゆまず練磨せねばなりません——このことはどんなに大切であるか測り知れないのです」

## "不安定"を
## 受け入れましょう！

"安定したものを求めよう"とするのが、脳の性質です。「そんな自分の脳に挑戦するのが、実は歌うということかもしれない」と、私は思います。そもそも声は空気の振動なので、確固とした安定はあり得ません。しかし、別の種類の"平静さ"や"持続感"がソマの側にはあるでしょう。

「脳の安定志向」と「ソマの変化に富む豊かさ」、脳が主導する操作なら、そこには常に"葛藤"が生じます。脳には、歌うソマは「不安定でいいのだ」ということを知っておいてもらわなければいけません。

一方、「声の振動という動き、軽さという不安定感や心細さのようなもの」と「ソマの"ささえ"という静かな持続感」も、同時に起こる質の異なるものです。

「ここをこのくらい、こうしたら、このように歌える」という説明は、一見、すぐに役に立つようでも、実は「進むにしたがって邪魔になる」ということをわかっていただけたでしょうか？ からだも、声も、変化します。それを受け入れつつ、歌いたい音楽をソマが感受して歌えるように、ソマを訓練しましょう。

脳からの急なその場の指令だけでは、ソマは思ったようにすぐに動くようにはならないのです。脳の中にあるのは歌う内容であり、どうからだを動かしたらいいのかというHow-toではありません。「音楽的な準備ができたなら、あなたのソマは、それをどのように歌うのかを知っている」、そんな予感がするソマにあなたのからだも訓練することができるのです。それには時間がかかりますが、ソマは必ず応えてくれます。

歌う知識や情報は、発声に関する大きな間違いを大まかに修正したり、しくみを知ることにつかえます。知っている情報をそのままつかって事細かに指示を出して歌うのではなく、ソマを信頼して、ソマにまかせて、歌うのです。歌う時間を十分、取りましょう！

脳で考えていることよりたくさんのことを、ソマは一度にやってのけます。もし、あなたが今は歌うことで混乱しているとしても、ソ

マは信頼に値するのです。なぜなら、混乱やうまくいかないことは、"脳とソマとの間の不具合・不仲によって妥協点が見つかっていない状態"であって、歌えないことではないからです。ソマの声を聞きましょう。邪魔しているものを取り除きましょう。間違ったことをしなければ、ソマは正しいことをするのです。

「他の誰でもないあなたのソマで、あなたが感じるように、あなたが歌っているということ」に、あなたが歌う意味があるのです。そして、あなたなら、それができます。

### ♪レッスンを終えて

どんな方が、どんな目的で川井先生のレッスンを受講されているのか、尋ねてみました。するといろいろな回答が返ってきました。

（本文中のレッスン動画に登場していない方のインタビューも入っています）

# おわりに

この本は、基礎編ともいうべき1冊目の「うまく歌える『からだ』のつかいかた～ソマティクスから導いた新声楽教本」の実践編です。歌うことに迷った時に、もっと先に進みたいと思った時に、手に取っていただきたい本です。

そして、その時の最大のポイントは、「正しいことは何か？」を探すのではなく、「何に気づいたらいいのか？」と、「何をやめたらいいのか？」です。そうです、ここに書かれていることを直接やろうとするのではなく、あくまであなた自身がやってきたことをポジティヴに受けとめ、ちょっとだけヒントにしてください。

この本を書きあげるのに一番苦労したことは、それぞれの受講生の皆さんの多様なバックグラウンドや悩みをいかに整理し、どのように提示するかということでした。一人ひとりに寄り添い、深く質問をすればするほど、全体の構成が難しくなっていきました。同じ材料で、あと数冊は本ができるのではないかと思えるぐらいの量と、歌を学んできた履歴やそれに伴う感情の揺れ動き、その人の人生そのものがレッスンとともにあり、時に私も翻弄されました。

だいたいの目途が立ってそれぞれに内容を確認してもらうと、「先生のレッスンの意図が、初めてわかりました」という人から、「先週のコンサートで、多くの助けになりました」という人もいました。歌うことを文章にすることの意味を感じ、指導する者としてもほっとしました。気持ちよく撮影に協力してくださった受講生の皆さん、本当にありがとう！

この本を書くにあたって、特に次の方々にお礼申し上げます。

東京藝術大学音楽部で音声学を教えていらっしゃる耳鼻咽喉科医の三枝英人先生、手術などでも非常にお忙しい中、歌う人の強い味方となる"医学的裏付けの安心コラム"を書いてくださいました。南大阪音声クリニック耳鼻咽喉科医の文珠敏郎先生、適確な診察でいつも生徒たちと私を励ましてくださいます。繊細で深いHands-Onワークのアレクサンダー・テクニーク教師田中優行さん、相談に乗ってくださって、ありがとう。

メディカル・イラストレーターの阿久津裕彦さん、打ち合わせの時間は何とも楽しく貴重で、その美しい解剖図でこの本が一層意味あるものになりました。度重なる原稿の変更にやさしくご対応くださり、読みやすいデザインにしてくださったデザイナーの昆野浩之さん、熱心に撮影くださったカメラマンの石橋謙太郎さん、AR担当の四本芳一さん、そして、いつも的確なアドヴァイスでささえてくださる編集者の渡邉茂秀さん、誠信書房社長の柴田敏樹さん、皆さんが私のペースを大切にしてくださり、面倒な注文にも応えてくださったお陰で、このような本ができ上がりました。心より感謝いたします。

歌うことが大好きな皆さんのお手元に、この本が届き、お役に立てますように。願いと希望をこめて。

2018年7月　川井弘子

うまく歌える「からだ」のつかいかた　実践編

2018年 7 月25日　　第1刷発行
2024年10月 5 日　　第3刷発行

著　者　　川井弘子

発行者　　柴田敏樹

発行所　　株式会社 誠信書房
〒112-0012　東京都文京区大塚3–20–6
TEL 03(3946)5666
https://www.seishinshobo.co.jp

印刷/製本　三美印刷(株)
©Hiroko Kawai, 2018

落丁・乱丁本はお取り替えいたします
ISBN 978-4-414-30014-7 C2073
Printed in Japan

JCOPY 〈出版者著作権管理機構 委託出版物〉
本書の無断複製は著作権法上での例外を除き禁じられています。複製される場合は、そのつど事前に、出版者著作
権管理機構（電話 03-5244-5088，FAX 03-5244-5089，e-mail: info@jcopy.or.jp）の許諾を得てください。